能力突围

木 沐 / 著

把握人生关键时期的
职场进阶术

人民邮电出版社
北 京

图书在版编目（ＣＩＰ）数据

能力突围：把握人生关键时期的职场进阶术 / 木沐
著. -- 北京：人民邮电出版社，2019.12（2021.12重印）
ISBN 978-7-115-52264-1

Ⅰ．①能… Ⅱ．①木… Ⅲ．①职业选择－通俗读物
Ⅳ．①C913.2-49

中国版本图书馆CIP数据核字(2019)第228887号

◆ 著　　　　木　沐
　　责任编辑　朱伊哲
　　责任印制　周昇亮
◆ 人民邮电出版社出版发行　　北京市丰台区成寿寺路 11 号
　　邮编　100164　　电子邮件　315@ptpress.com.cn
　　网址　http://www.ptpress.com.cn
　　固安县铭成印刷有限公司印刷
◆ 开本：880×1230　1/32
　　印张：8.625　　　　　　　2019 年 12 月第 1 版
　　字数：223 千字　　　　　2021 年 12 月河北第 6 次印刷

定价：49.80 元
读者服务热线：**(010)81055296**　印装质量热线：**(010)81055316**
反盗版热线：**(010)81055315**
广告经营许可证：京东市监广登字20170147号

　　木沐是我的朋友当中极其出众的一个，她在职场经验和个人成长方面的心得经常让我有茅塞顿开的感觉。她本人在大型跨国企业从基层做起，逐步晋升为企业高级管理人员；她在网上推出的职场经验专栏累积了近20万名读者。可以说，不管在实践还是理论方面，她都有非常深厚的积累和沉淀。我相信木沐的这本书一定可以让所有在职场方面存在疑惑、追求精进的朋友大有收获。

　　阿何　知名自媒体唯库 & 职场充电宝 & 有讲 & 阿何有话说 创始人

　　这本书用接地气、有价值的经验，帮助年轻人在35岁前找到自己的定位，从而步入职场快车道。这是任何一个想要在职场顺利发展、得到认可的人都应该阅读和拥有的一本书。木沐非常棒地用案例和细节分享了她在职场中如何实现有效沟通、向上管理的个人经验和深刻体会。如果你对激烈的职场竞争感到不知所措，这本书一定会让你深受启发并重拾信心。

　　Mike Hughes 施耐德电气 全球执行副总裁

　　这本书基于职业发展时间线，由浅入深地讲述了职场常有的心理活动和现实问题，是所有正在寻求职业发展却苦于无法突破的年轻人都应该细读的一本书。木沐的文笔清晰、简洁，没有华丽词藻的堆砌，却能让人体会其字字真诚和谦逊。我始终相信，良好的自我管理和积极的思维方式会沉淀出卓越并值得信赖的职场个人品牌。木沐的成功，就恰恰诠释了这一点。

John Chong 通用电气 电能转换技术 大中华区总裁

木沐的这本书，是一本实战性、专业性都很强的职业规划和个人发展指南，无论你是在校还是在职，用心体会和实践书中提出的观点及建议，都能让你在职业发展的过程中少走弯路，事半功倍。我会将本书推荐给我们的人力资源部和全体员工。这本书值得推荐，你值得拥有。

艾小明 惠而浦（中国）股份有限公司 总裁

面对纷繁复杂的职业选择和职业发展问题，很多初入职场的年轻人都感到无所适从。木沐的这本书对常见的职场问题进行了系统而有深度的分析，能够帮助职场新人快速适应职场生活，并为打造成功的职业升迁路线给出了切实可行的建议，我强烈推荐你读这本书。

Sam Shum 施耐德电气 中国区副总裁

在过去 10 多年间，木沐一方面在职业发展中勤勤恳恳，在职场竞争中顽强拼搏，另一方面不断总结职场及个人成长方面的体会、经验和教训，并付诸笔墨，给新人进行指导和干货分享，这种勤奋和无私的精神让我佩服！细读她的新书，分析和建议非常中肯，比如如何择业、如何转型、如何跳槽、如何适应职场等，这些建议对职场新人非常有指导意义。

王桂海 海斯特 – 耶鲁集团 中国区总裁

你想拥有一份理想的职业吗？你懂得如何在众多的选择中做出明确而理智的抉择吗？在充满挑战和机遇的职场中，你知道如何获取资源和利用资源来完善自我吗？若想在职场中胜出，你需要专家的点拨吗？

木沐在她的这本书中深入浅出地讲述了要想获取成功就要认真做好规划的重要性。同时，本书还向大家提供了在职场的不同阶段需要掌握的一些重要技能及管理的实用技巧。

不论你是一位即将踏入职场的新人还是正在职场中打拼的专业人士，这本书都会令你得到一定的启示。祝愿你在人生的舞台上展示出不凡的自己！

王彤 拜耳处方药 中国及亚太区人力资源副总裁

很多人在职业生涯中常常困惑于这样一种悖论情境：学过很多道理，却依然过不好这一生。木沐的这本书，解开了这个悖论，她会让你真正明白很多道理，让你学会在初入职场的黄金 5 年如何把握那些似是而非的关键性细节。读透那些似曾相识、理性辩证却鞭辟入里的一个个职场故事，会让你眼前一亮、醍醐灌顶。我相信这本书一定会让你成为一个不仅明白很多道理，更能过好当下职场生活的明白人。

袁楚云 一汽集团财务有限公司 总经理

你很幸运，现在看到木沐的这本职场真传！如果你正值职场初期，这本书会帮你少走几年弯路，步入职场发展的快车道；如果你正面临成长的困惑和发展困境，这本书正好能帮你快速实现职场突围。打开这本书，一起跟随木沐的视角，看清并超越前方的障碍，欣赏翻越障碍后的美妙景色！

肖力榕 跃科人才有限公司 董事总经理

自利用业余时间创立公众号"职场木沐说",至今已有一年半。我在各大网络社交平台累积发布原创文章超过 250 篇,为年轻人撰写了大量助力其快速成长和自我提升的内容,被读者直呼"干货满满",更被人民日报、共青团中央、新华网、十点读书等知名媒体争相转载。

2018 年一个偶然的机会,我有幸得到人民邮电出版社恭竟平老师的出书邀约,感到荣幸而欣喜,但又忐忑不安。

欣喜的是,我的文字可以通过另一种方式——纸质书来面对更多的读者,让每一个读到我的文字的人都能提升认知、开拓思路,从中汲取养分和力量,从而对未来的职场发展道路充满信心。这正是一年半前我开始写职场文章的初衷。

忐忑的是,出版图书要求有更严密的逻辑性、系统性,对于不是作家出身的我来说,这是个不小的挑战,心中的顾虑油然而生:我的文笔足够华丽吗?我的时间安排允许吗?我写的内容读者喜欢看吗……所有这一切我能驾驭得了吗?

然而当我真正动笔开始写第一章的时候,我不再患得患失。我觉得自己就像一个知心姐姐,与那些焦虑、苦恼和迷茫的年轻人在面对面地聊天,倾听他们的烦恼,触摸他们的心灵;对他们的想法,我不仅理解而且感同身受。因为这些年轻人正在经历和承受的,正是当年初入职场、青涩懵懂的我所经历的一切。

我的职场发展之路并非一帆风顺，最初也曾因为缺乏经验、不善沟通而被领导误解，工作能力被质疑，无法获得认可和重用，让我的自尊心备受打击。因为心灰意冷、沮丧至极，我曾在深夜里放声痛哭，差点愤然裸辞。

但我最终没有选择放弃，从不怕输的我痛定思痛，开始反省自身，更加用心地对待工作中的细节。为了提升对企业管理运营的认知，我毅然报考了清华大学 MBA（工商管理硕士）。白天工作繁重、应接不暇，只能挤出下班和周末的时间复习备考。4 个月后我以高分通过笔试和面试，顺利进入清华园。

读 MBA 期间，我有幸代表清华参加了与欧洲知名商学院的留学交换，这份经历极大地拓宽了我的国际视野，提高了我的跨文化沟通能力，帮助我在毕业后面试 500 强跨国公司时成功击败众多候选人，轻松拿到 offer（录用信）。

站在更大的平台上，面对全新的环境，与众多优秀的人共事，我当时既兴奋又紧张，还有点担心在新的挑战面前能否胜任和从容应对。

当我对一个好心的前辈诉说心中的担忧时，他说的一句话至今让我记忆犹新："态度永远比能力更重要，积极、主动和自信才会带你走得更远。"

这位前辈的鼓励一直深深地影响着我，从此我变得更加积极、主动和自信，经常主动承担跨部门项目或"三不管"工作，为领导分忧解难，毫无怨言。我的勤奋和用心让自己总能抓住重要的节点与机会，被公司管理层逐渐认识和欣赏，这让我赢得了更多的发展机会。

十几年的职场之路走下来，我在大型跨国企业升任至高级管理层，在培养人才、带领团队和向上管理方面，积累了丰富的实战经验和心得体会。这一切都是我亲身实践和经过验证的，也是写作这本书最重要的素材来源。

　　本书按照进入职场的时间顺序撰写，针对入职 0 ～ 2 年、2 ～ 5 年、5 年以上这 3 个不同的发展阶段，对年轻人非常苦恼、烦心和不知所措的职场问题，以及非常容易被忽略而又特别重要的内容，进行了系统梳理和深度剖析，并结合案例和故事给出有效而实用的解决方法。最后一章精选了 30 个最具代表性的来自读者的真实问题，以及我所给出的中肯建议，说不定其中就有你最关心的。

　　现在，我真诚邀请你跟我一起踏上走出成长困惑、突破职场困境的职场跃迁之路，让你长成最好的样子，期待自己的完美蜕变。

木沐

2019 年 2 月 2 日

北京

目录

第一章

初入职场那些事（0 ~ 2 年）

1 "致命"的学生思维，你带到职场了吗 002

2 职业发展遭遇第一次挫折 009

3 提升工作效率，才能让你从容面对每一天 015

4 面对领导，6 点帮你实现有效沟通 023

5 当期望和现实开始出现偏差 031

6 职场新人的日常心法，助你度过职场前 2 年 041

第二章

5 年内，换挡提速，加速成长（2 ~ 5 年）

1 提高沟通和表达能力，让自己不可或缺 060

2 会做人，会办事，提高个人影响力 068

3 升迁策略有门道 078

4 加强向上管理，提高存在感和曝光率 087

5　不该被忽略的个人成长提升策略　　　　　　　　096

第三章

三十而立的你，如何实现职业跃迁（5 年以上）

1　职场倦怠来了，一不留神，你就彻底废了　　　106

2　面临职业转型，该做哪些准备　　　　　　　　115

3　到底往哪个方向走，你得心里有数
　　——管理路线和专家路线　　　　　　　　　124

4　得到领导青睐、进入核心圈，你所不知道的秘密　130

5　初为管理者，你需要知道这些事　　　　　　　139

6　年近 30 岁，请务必警惕这 3 种思维　　　　　148

第四章

"过来人"都不会告诉你的职场心法

1　进入职场多年，我才知道的那些"坑"　　　　160

2　不知道领导是什么性格，还谈什么提拔和重用？　170

3　主动跟领导谈升职加薪，这么做就对了　　　　181

4 个人品牌将决定你的价值   188

5 跳槽求职攻略知多少   198

6 35 岁以后，未来的职业选择之路前瞻   213

第五章

木沐的答疑解惑精选   226

第一章

初入职场那些事

0～9年

1

"致命"的学生思维，你带到职场了吗

步入职场，才算正式进入社会这个大家庭。然而，如果没有做好心理、思维和认知的转变，不清楚职场和大学在沟通方式、为人处事等方面有哪些主要区别，生硬地将学校的那一套直接搬到工作中，特别容易产生心理落差，导致忙碌而没有方向，仿佛一下子陷入了孤岛。

究其原因，很多人在毕业前夕，对如何顺利向职场过渡这个问题没有给予足够重视，更没得到及时的辅导。他们不清楚在真实生活中，一个组织的运转规律和生存法则如何；在组织中，什么才是把工作真正地做好。

因为不了解这些，所以一上来就用惯性的"学生思维"想当然地指导自己在新环境中的工作，处处碰壁就不足为奇了。

那么，到底有哪些典型的"学生思维"，会阻碍你在职场上顺利开局呢？下面就从职场和学校的本质差异，以及如何躲过那些不知道的雷区这两个方面进行深入分析。

一、职场和学校的本质差异

职场和学校都是人们为了特定的目的聚集到一起，并按照一定的规则，把人们进一步分配到不同的小群体中，学校中比如院、系、班级，职场中比如大部门、小部门、小组等。

虽然职场和学校都是社交场合，但是从底层逻辑和人际关系上看，二者存在着本质的不同，主要体现在如下 3 个方面。

❶ 职场体现的是上下级关系，而学校不是

拿到任何一个组织的架构图，你都可以清晰地看到一张金字塔似的矩阵图，除了塔尖的最高领导之外，组织中的其他人都有一个或多个领导，他们和领导之间形成上下级的汇报关系。

千万别小瞧这层"汇报关系"，组织中之所以很讲究汇报关系，就在于它可以让你认清楚谁是你的领导，你的工作必须对谁负责。

毋庸置疑，上级领导对你在职场中的生存和发展具有关键作用，小到报销请假，大到升职调薪，概莫能外。

这是你需要知道的一条铁律。

除此之外，不要忽视大部门中你领导的领导的影响力——以为只要跟直接领导处好关系就万事大吉，不需要理会领导的领导，是相当危险的想法。

虽然领导的领导并不对你的绩效做直接考评，但他可以在你的直接领导面前对你和你的工作发表直接看法。很多时候，因为他的一句话，就会影响直接领导对你的态度和绩效评估：如愿得到提拔，或者被"打入冷宫"，你往往不知道背后的真正原因。

此外，其他大部门的上级领导你也绝不可以视而不见，友好谦恭地对待他们，永远不会错。

而在学校，老师给予班级学生的教学内容是一样的，老师与学生之间也并未形成上下级的汇报关系——更多的还是要靠自己的成绩说话。

❷ 职场更讲究团队合作

在学校，认真读书、好好学习和考试达标是学生的基本任务。要想获得优异的学习成绩，必须保持专注，还要能耐得住寂寞，沉下心来钻研书本知识。即使你性格内向，不擅长社交，喜欢独来独往，也不太会影响学习成绩。

然而，在职场上要想将一份工作做好，靠单打独斗基本没有可能。相反，很多时候你必须和其他部门的同事通力合作，互相支持和配合，才能最终达成目标。

因此，对于刚毕业、初入职场的人来说，要放低姿态，积极和同事交流，多请教，一方面可以帮助自己尽快熟悉业务和工作流程，另一方面可以少走弯路，省时省力。所以，要主动结识同事，积极参与团队建设和社交活动，也可以通过老乡、校友等加深同事关系，形成自己的社交网络，更好地为以后顺利开展工作打好基础。

团队合作过程中，并不是只关心自己负责的那部分工作就足够了，而要留心其他部门都是做什么的，有哪些内容跟自己部门或岗位高度相关，如何跟跨部门同事进行工作配合和衔接，如何跟进和反馈项目等，这些都需要平时多留心、勤总结。

❸ 职场更注重结果导向，而非过程

当工作上没有达到目标或出现失误时，很多人喜欢第一时间找借口，推卸责任，口口声声说错误是别人造成的，跟自己没有任何关系。这种思维模式特别容易发生在刚参加工作的年轻人身上。

一旦发生错误，他们就会说自己刚毕业，对很多东西不懂、不熟悉，所以出错或没完成工作在所难免，大家理所应当多担待一些。而如果受到了领导的批评，他们就会抱怨领导不近人情，自己一肚子委屈。他们不知道，不论过程中自己如何努力、如何用心，领导要看的是工作的结果和产出。

所以在工作中，遇到不懂或不会的问题，一定要多学、多问；出现困难或阻碍时，要及时向领导反馈并寻求支持，而不是闷声不吭地一个人低头苦干，等到截止日时只能厚着脸皮跟领导说抱歉。

另外，完成一项任务通常需要动用公司资源，包括人、钱和物。如果你不肯用心去琢磨和发现公司的资源在哪儿，如何获得和使用这些资源，那么最后在发生错误或没法完成时，又怎能怪得了别人？

以上就是职场有别于学校的最为关键的 3 个方面，你会发现在有些方面，职场和学校的生存逻辑不仅不同，很可能刚好相反。

毕业前夕，如果先了解和认识到这些差异，做好转变思维方式的准备，在工作中不断体会和摸索，就会减少环境转变所带来的不适，让自己尽快融入新集体，从而专心干好工作。

二、如何躲过那些不知道的雷区

初入职场，除了思维和认知误区，还有一些很容易犯的典型错误，或者说在实际工作中一不留神就会误踩的雷区。不小心踩到，后果不堪设想。

那么在职场中有哪些雷区，我们又该如何避免呢？

❶ 别做职场隐形人

刚加入公司，新人对业务及相关人员都不熟，特别容易被边缘化，因此要学会适度曝光自己，而不是溜边沉底、躲在角落里，否则很容易变成可有可无、毫无存在感的隐形人。

而一旦成了隐形人，公司所有有利的资源，如加薪、晋升、出国、福利都将和你没关系。当没人在意和关注你时，有好的机会又怎么会想到你呢？

不当隐形人的注意事项如下。

- 不要躲着领导绕道走，要学会跟领导主动打招呼；
- 开会时尽量挑靠前位置就坐，并积极主动发言，表达自己的观点；
- 积极回答和呼应领导提出的问题，得到领导认同；
- 参与并牵头组织公司及部门活动；
- 在任何场合，学会主动进行自我介绍，增加个人辨识度和曝光率。

❷ 眼高手低要不得

有些人毕业后还顶着"名校"的光环，自以为高人一等，进入公司看什么都不顺眼，一上来就提各种意见，挑剔这里落后那里不合理。而一旦真的让他们做起事情来，却又嫌脏怕累，拈轻怕重。

其实有时乍一看有问题的地方，并不见得是真有问题，很可能是由一些历史原因或特殊缘由造成的，这是你短时间内并不清楚或无法理解的。此时如果贸然批评，势必会引起老员工的反感，觉得你不会为人处事，对你留下负面印象。如果你的确发现有异常之处，不妨先侧面打听或询问，等对问题有了全面了解之后再做客观判断。

另外，有些新人容易心高气傲，想一下子进入核心岗位，参与重大项目，但通常事与愿违。如果你不能调整心态并欣然接受，而是带着不满情绪盲目应付，这对你的下一步工作将非常不利。因为在领导看来，无法安心做好基础工作，更不值得将重要工作交给你。

❸ 多观察，会"偷艺"

领导和老员工都是行走的教科书，他们身上有很多优点值得你去学习和发现。

有心的你可以"眼观六路，耳听八方"，主动观察他们如何沟通、如何工作、如何汇报、如何做 PPT、如何管理项目……将他们身上的闪光点记录下来，先模仿，再创新，慢慢就会内化成你自己的积累，为你所用。

❹ 尽快融入团队

抱着高冷范儿或者"溜边沉底"的心态，你是很难迅速融入集体大熔炉的，而融入越晚，你未来和他人打交道的难度就越大，因为别人对你的成见已经形成，一时很难改变。

所以利用一切机会让别人认识和了解你，并尽快和大伙儿打成一片，早日变成大家的"自己人"，而不是一直被同事当作"相敬如宾"的局外人。不妨手脚勤快些，有眼力见儿，和同事一起吃工作餐，积极参加团队建设，主动承担部门工作，多找话题和大家交流沟通等。

❺ 主动汇报好处多

在大学里，有些人和老师的直接交流很少，进入职场后，惯性使然，也不太愿意和领导打交道，其实这样会减少领导了解你的机会，让自己陷入被动局面。

毫无内涵的逢迎当然不值得提倡，我们要学会的是适时向领导展示自己的工作成果、汇报工作进展，从而听取领导的建议，为下一步工作的开展明确方向。而这同时也是向领导展示自己工作能力的最好方式。

要学会如何干好工作，更要学会如何向领导展示工作成果，这才会为你未来的职场升迁做好铺垫和准备。

❻ 复盘总结提升快

每一次汇报、每一场会议和每一项任务都是学习及提高自身见识和能力的最好机会。

如果每天下班后能做复盘和总结，系统梳理哪些方面做得好、哪些方面做得不足、哪些值得学习借鉴、哪些错误需要避免，就能摆脱盲目而机械地重复，从中发现提高的空间。日后在工作中多多加以实践，失误就会越来越少，成果也会越来越多。这些无疑对个人能力的提高非常有帮助。

那些干一样忘一样，不断重复犯过的错误，从不提高工作质量的人，无疑就是亲手将自己送入平庸的队伍中。

总 结

毕业，一切才刚刚开始

每年夏天，都会看到公司新来的毕业生入职，他们中有的人在1～2年后获得提升，站上更大的平台，大展拳脚；而有的人则在原来的岗位上继续"岁月静好"，平庸落寞，没见长进。

我常慨叹，短短几年，到底是什么造就了这两种人发展的差异、命运的不同？最终发现是思维、见识和行动力。

只有那些早日摆脱学生思维，尽快融入职场，善于思考和学习，用强大的行动力认真对待工作并不断挑战自己的人，才能最终实现突破和蜕变，有朝一日成为别人眼中那个优秀的人。

2

职业发展遭遇第一次挫折

经过漫长而竞争激烈的校招，在求职之路上过五关斩六将，你终于拿到了还不错的 offer，心里充满了对新工作的期待和向往，伴随着紧张和不安，激动人心的职业生涯即将拉开帷幕。

进入公司，接受新员工入职培训和岗位培训后，你对公司和业务有了初步了解，但扑面而来的信息量太大，让你很难从容应付，一个月、两个月后，你感觉还是一头雾水……

随着入职时间的推移，半年后你总算对本职工作有了较为清晰的认识，但对自己未来的发展开始产生迷茫。比如领导交给你的工作，尽是些打杂琐碎的事情，哪有什么大项目和挑战性任务，这不是距离自己的职业目标越来越远了吗？到底是自己找错了工作，不适合这家公司，还是职业发展规划出现了问题？

其实，以上这些原因都不是，你手头的工作并没有跟你的职业发展目标相背离，而很可能是你自己对职业发展产生了误解，其所对应的真相是：

- 职业发展规划并非一成不变，而要根据兴趣爱好、外部环境和能力匹配度等因素做动态调整；

- 职业发展规划不是一蹴而就，而是一个长期的过程，单靠一腔热血和 5 分钟热度就希望目标立马达成，很不现实，也不科学；
- 职业发展规划不是头顶"名校"光环，就可以理所应当或者轻而易举获得比别人好的发展机会，"一副好牌被烂打"说的就是这种人。

一、职业发展目标并非一成不变，需要动态调整

就拿人力资源经理这个职位说吧，随着职业分工越来越细，人力资源这个大类也划分出更多的细分领域，比如人才招聘、人才发展、组织发展、薪酬福利、业务伙伴等。

这些细分领域各自的工作方向和重点，既有关联性，也存在不同，甚至有较大差异。

因此进入公司，在经过一段时间的了解和熟悉后，你会在工作实践中对之前设定的职业发展目标有更立体和鲜活的认识，此时就可以评估一下，你是不是还愿意在既定的职业规划道路上继续发展，是否需要进一步调整，将目标锁定在更聚焦和细化的领域。

比如，你之前想要做人力资源经理，但经过一段时间的工作，发现自己其实对组织发展这个人力资源下的细分领域更有兴趣，而对招聘、培训、薪酬等内容的兴趣一般，所以组织发展经理才应该是你未来最想去发展的目标岗位。

所以，只有根据工作实践和个人意愿，对职业规划做动态调整，你才会对目前的工作有更深的了解和认识，才会有动力将工作做得更好。

二、职业发展目标并非一蹴而就，需要用心和坚持

就算你仍然认可之前设定的职业发展目标，也要明白"罗马并非一

夜建成"的道理，每个人的职业发展道路都是靠脚踏实地、一步一个脚印地走出来的。

拥有再多的理论知识，没有足够的实际经验的积累，即使把你一下子放到领导岗位上，你又怎么能在工作中高效而灵活地处理各种复杂或棘手的情形呢？

企业中之所以设定职业发展路径，就是为了帮助新人明确在一个组织中的上升路线。不同发展阶段，对工作内容、岗位职责和个人能力的要求都不同，越往高阶走，能力要求越强，承担责任越大。

比如，按照职业发展路径，如果你的职业目标是成为人力资源负责人，那么你就需要从人力资源助理开始，经历初级专员、资深专员、高级专员、主管、分部经理、经理，然后才是高级经理、总监，直至副总裁。

这里罗列了从最基层的职位开始，到成为人力资源领域最高职位一般需要经历的职业发展路径。虽然你不一定非得按部就班，但是也不太可能一次跨过 3 个以上的级别获得提拔。

因此，在职业发展初期，辅助资深的同事、主管或经理，从事相对琐碎的工作，是很正常的事，你不必感到委屈或者不公。

在这个过程中，你可以逐步了解公司业务、部门业务和岗位工作，学习别人如何开展工作、如何跟同事交流合作、如何处理和解决问题。如果还没学会这些，就安心、踏实地在基层岗位继续磨练和积累，直到你能独当一面，向领导证明自己可以接受更大的挑战。

三、职业发展初期，当心一副好牌被烂打

相当一部分从"211""985"或海外名校毕业、拥有"学霸"背景的人，入职前以为自己肯定是公司里"集万千宠爱于一身"的天之骄子。进入职场后，却发现周围的同事无论是学历还是资质，都跟自己差不多，

甚至比自己高出不少，强大的落差感让他们无所适从。

这时候，有的人因为无法适应职场，缺乏和同事、领导的有效沟通，再加上学生思维作祟，反而失去升迁机会，慢慢停留在公司的边缘地带；有的人则因为刚愎自用使自己的职场人际关系跌到冰点，导致团队工作无法顺利展开。

本来在职业生涯中拥有良好的开端，但职场之路反而越走越窄，与职业目标背道而驰，不能不说是"一副好牌被烂打"。

下面我们来分析一下如何避免"职业发展的第一挫折"。

❶ 低调做人，高调做事

你的高学历只代表过去，并不意味着今后无须努力也能在职场中一帆风顺。因此，少晒学历和优越感，将精力用在如何提高工作质量和业务水平上；多向前辈虚心求教，尝试多给自己设定具有挑战性的目标，并尽力达成。

❷ 管住嘴，少批评

对自己的过往经历有优越感的人，会不自觉地用批判性眼光看待周遭的一切。

比如，著名的华为公司开除应届毕业生，就是一个典型的例子：一名北大高才生初入华为后，就公司的经营战略等问题，洋洋洒洒写了封"万言书"，原以为自己能得到领导的赞赏，可没想到任正非收到后直言"此人如果有精神病，建议送医院治疗，如果没病，建议辞退"。

要知道，如果连一个应届生都能看出公司存在"所谓"的问题，那其他同事甚至是高管怎么就没能看出来呢？没人说或是没改变，肯定有其合理原因。

所以，初出茅庐的职场人，要学会多观察、多请教，透过现象看本质后再行发言权。

❸ 和领导充分沟通

既不要躲着领导走，也不要不尊重他。领导之所以是领导，肯定有他的优势或目前不可替代的原因。如果只有你质疑领导的工作能力，多半是因为自己的认知有限。学会和领导沟通，在展示自己工作成果的同时，也要主动了解他对你的要求与期望，从而得到对方的认同和支持。

❹ 勇于接受挑战，突破自我

避免"温水煮青蛙"，应主动要求承担较有挑战性的工作项目。因为这个锻炼过程既能拓宽视野，提升自己的团队协作和沟通能力，学会掌控项目管理流程，更能倒逼自己多想、多听、多看、多总结和多输出。

❺ 在公司中建立人际网络

公司即社会，没有谁的成功是只靠自己就能完成的。很多时候我们完成一个任务，需要很多部门、同事的配合和资源的调配。

如果你的权力和职责还没有达到能任意"使唤"别人的程度，就要施展自己的影响力将事情办成。这就需要平时多建立和同事之间的"非正式连接"了，因为将事办成、办好，才是衡量一个人是否有潜力的重要标准。

当你拥有让人眼前一亮的背景，或者很幸运地加入一家优秀公司、站上好平台时，请记住：你的人生之路刚刚开始。

到底是能借势展翅高飞，还是将自己的一副好牌打烂，结局全掌握在你手里。

总 结

职业发展规划本身没有错，拥有开放和谦虚的心态才是王道

如果你仔细研读那些成功人士的成长故事，就会发现几乎没有人在职业生涯早期就能将未来的路想得特别通透、规划得特别完美。只有在不断的打磨、起伏和历练中，未来的发展目标才会逐渐清晰明朗。

这个道理也同样适用于刚毕业的年轻人，在毕业的一两年间，一时没有找到清晰的定位，对未来发展有些许迷茫很正常，但不管一开始做什么，只要你用心去琢磨、去体会，就一定会有所收获。

反之，如果好高骛远或者患得患失，总是纠结于不能如愿获得理想岗位或者工作，不仅干不好手头上的事情，更没有精力和能力去接受未来更大的挑战，这样又何谈去实现远大的职业发展目标呢？

职业规划没有好坏，个人实力才是实现职业规划目标的最终试金石。

3

提升工作效率，才能让你从容面对每一天

你有没有发现，每次同学、老友相聚时，彼此寒暄最多的一句话恐怕是"是啊，最近挺忙的，瞎忙呗"？在他们眼中，瞎忙，成了用心、努力和勤奋的代名词，这不禁让人"细思极恐"。

在知乎上，网友曾这样描述"瞎忙"且颇为真实：当你每天忙着刷微博，混迹在各种交友平台聊天，忙着在朋友圈点赞，夜深人静之际做完所有事情，你突然发现自己除了一无所获和内心更加空虚，只剩一地鸡毛，这就是瞎忙而已。

大家抱怨着工作辛苦没得睡，究其根源，还是自己的工作效率过于低下，没有掌握高效的工作方法。接下来就来梳理 15 种优化工作流程和提高效率的方法。

❶ 做日（周）工作计划并经常回顾

不管你习惯使用 PPT、Excel 还是其他办公软件，一定得给自己制订一份日（周）工作计划，包括上周工作进展和本周工作计划。

针对每一项工作或任务，都要详细标注开始和截止时间、交付物是什么、需要对接的有哪些部门和同事、有什么样的 KPI（关键绩效指标）等。

这样方便自己定期回顾任务的状态，是待开始、进行中、延误还是取消，有利于自己针对不同情况采取下一步措施。

工作计划一方面能帮助自己更系统地管理手头的工作，另一方面则可以在向领导汇报工作或跟同事介绍项目进展时使用。

❷ 会议前的高效准备

参加会议时，我经常看到一些人从会议室外风风火火走进来，匆忙坐下，一脸茫然地看着主持人，一旦被问到项目进展，就支支吾吾或语焉不详，一看就没做什么准备工作。

这样不仅会让自己变得被动而尴尬，更会给参会领导留下很深的负面印象。为了避免这种情况的发生，提前做好如下准备工作就极为重要。

- 提前看看会议日程，有哪些话题和自己工作相关，并有针对性地准备；
- 是否需要对上次未完成事项进行更新，如需要，就要根据实际情况做好标注；
- 是否需要提前搜集和准备一些数据、资料及文件，如需要，就要提前几天甚至一周开始跟相关部门协调获取；
- 是否需要提前听取有关部门意见，如需要，提前跟这些部门交流沟通就很有必要。

如果你自己是会议组织者，提前做好会议准备就更是非做不可的事情了，否则就会陷于会场乱糟糟，你一言我一语，说得虽然热闹却跟会议主题无关，结束的时间到了，各自散去的时候，才发现这是失败的会议，完全没有达到解决问题、推动项目进展的目的。

❸ 学会判断任务优先级

每天手头的工作很多，既有正在进行中的，也有领导和同事临时甩过来的，如果不分轻重缓急、优先主次，就会感觉毫无头绪，倍感焦虑。因此，需要学会用重要性和紧急性来判断工作或任务的先后顺序。即：

- 重要性（重要、不重要）；
- 紧迫性（紧急、不紧急）。

根据这两个维度可以划分出 4 个象限，将待办事项依次放入 4 个象限，就可以清晰地判断出其重要性和紧急性，如图 1-1 所示。紧急而重要的事情一定是优先级最高、需要马上处理的，然后依次处理紧急不重要、重要不紧急的事情，并将其放入待办事项的计划中，及时提醒和更新任务状态。

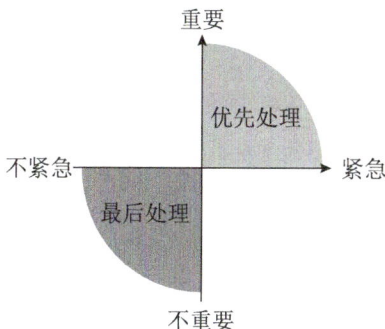

图 1-1　四象限法

4 多种沟通渠道并用，而不是单纯依赖邮件

电子邮件俨然已经成为企业内部交流沟通的基本和重要工具。通常发送文件、会议通知、讨论问题、汇报工作无一例外都是通过邮件完成的。

然而邮件并不是即时通信系统，人并不可能随时在线或者立刻做出回应，比如会议中或外出时间，就无法做到即时回复。如果此时你完全依赖邮件这一个沟通渠道，不仅耽误时间，更容易产生误解，影响工作的下一步开展。

比如你等待对方回复"是"或"不是",却迟迟没有等到回复,你想当然地认为对方可能心里想说"不是",却不好意思开口直接拒绝,事后你才知道自己做出了一个错误的判断——对方当天电脑不在身边,才没有回复。

所以如遇紧急重大问题或通知,一定记得打电话或者当面和对方确认,确保万无一失,而不是被动地等待邮件的回复。

❺ 未完成事项提醒

有的人非常喜欢将"告示贴"(或叫"口水贴")贴在工位隔板上,写满了需要待办、特别提醒或关注的事项,这是个提醒自己避免遗漏的好办法。

小小一张贴纸,记录了事项的重点,比如时间、电话、找谁。一旦完成,你就可以放心大胆地将其撕下去,然后将新的待办重要事项再贴上去,颇有成就感。

使用告示贴非常直观,跟在电脑里设置提醒事项不同,只要你回到座位上,第一眼就会看到它,因此,告示贴就成为对付拖延症的一个有效利器。

❻ 上班第一件事,先梳理一天的工作内容

很多时候就算你忙到昏天黑地却仍然会在工作上丢三落四,让领导和同事都不满意。所以,早上刚到办公室、头脑最清醒的时候,第一件事就要将日历(或者电子日历)打开,看看今天的主要工作内容有哪些,然后根据优先级分配工作时间和精力,当然,前提是你有将工作计划记录在日历和行程表中的习惯。

你甚至可以将一天的日程安排打印出来,放在桌边,每完成一项,就划去一项,或者标记有什么问题,下一步需要做什么。这样你就可以

做到心中有数、从容不迫，不会遗漏重要工作，还能更容易把控工作节奏，自信满满地迎接新的一天。

❼ 番茄工作法

高效的工作，既不是长时间不动，"死磕"一件事，也不是干一会儿，就溜出去抽烟喝茶，美其名曰换换脑子。

高效的工作，需要掌握一定的方法，让自己在专注和休息间找到最佳平衡点。经过大量实践，番茄工作法被认为是非常适合职场人士的时间管理方法。

番茄工作法，就是选择一个待完成的任务，将番茄时间设为25分钟，专注工作，中途不允许做任何与该任务无关的事，直到番茄时钟响起，然后短暂休息一下（5分钟就行），每4个番茄时段可多休息一会儿。

这样一来，你就会比较容易专注于工作本身，而不容易走神或下意识地刷手机。因为人的注意力一旦被打断，重新回到之前的状态需要花费更长的时间。

❽ 将本周或下周待开会议提前发出邀请

很多人习惯临时抱佛脚，比如突然发出邀请召集同事开会，通常这么做效果很差，因为没有提前预约，同事很可能正在出差，就算没有出差，他们这个时间段也极有可能已经被占用，无法分身。

因此，如果不是特别紧急的会议，最好提前一周就发出会议邀请，提前锁定被邀请人的时间，这样大家就可以绕开这个被你锁定的时间段来安排其他工作。

另外，发完会议邀请也不是万事大吉了，你需要在会议提前1～2天发封邮件或微信提醒参会者，以确保大家尤其是关键人能准时出席会议。

❾ 提高打字速度

这点特别容易被忽视。有时写报告和写邮件感觉花费时间太多，很重要的原因之一可能就是打字速度太慢。不论拼音还是五笔输入法，学会盲打而不是边打边看键盘找字母，都能大大提高文字输入效率，帮你节省不少时间。如有必要，可以专门花一段时间练习如何提高打字速度，这真是一劳永逸的事，值得投入时间练习。

❿ 整洁有序的办公桌

将自己的办公桌和抽屉收拾得整洁有序，可以快速方便地找到需要的资料或文件，而不是在需要用到的时候毫无头绪，翻来翻去却始终找不到。试想一下，在一个杂乱不堪的环境下工作，人的心情不自觉就会变得焦躁不安、心情不畅，哪还能谈得上效率和质量呢？

⓫ 充分利用午餐时间进行社交

现代人时间宝贵，不愿过多占用私人时间比如晚上或周末进行社交活动，那么充分利用工作午餐时间和同事联络感情就变得重要而便捷了。尽量多和兄弟部门或跨部门同事一起用餐，聊些轻松话题，顺便谈一下项目进展、彼此如何更好地配合，会显得非常顺理成章。

经常一个人吃午餐或者只和要好的几个同事吃午餐，只是单纯完成了吃饭这个任务，而没有赋予其任何社交意义，实属可惜。

⓬ 善于"偷师"学艺

公司不等于学校，没有人会像老师那样有义务教你如何更好地开展工作。这时你就需要有一双善于发现的眼睛和机灵的头脑，看到别人受到认可和表扬，就要仔细揣摩和观察，看看他到底哪里做得好、怎么做得好的。你还可以将别人受领导表扬的报告或文件仔细拆解，学习他是如何设计框架、提炼要点、组织素材和推导结论的。"偷师"学艺是快速获得能力提升的最有效的办法。

⑬ 集中时间回复邮件

如果随时在线回复每一封邮件，就会将自己的注意力切割，无法集中做好一件事。其实并非所有邮件都需要你秒回，如果真的非常紧急，相信对方一定会打电话或者直接找你。因此为了提高工作效率，可以选择隔一段时间集中处理和回复邮件，以避免被新邮件打断手头的工作。

⑭ 多跟领导沟通，确认需求

在公司中，你的工作能否得到认可主要取决于领导。因此你务必听清楚领导布置的任务、他的要求和期望是什么、需要什么时间完成等，只有确认好领导的需求，在最终完成任务时才不会发生南辕北辙、吃力不讨好的情形。

⑮ 对同事经常表达谢意

虽然很多时候，同事帮你完成某项工作也是他的分内之事，但是一定记得及时表达感谢，不论通过邮件还是当面致谢，最好当着其领导的面表达谢意。这样不仅可以让对方感觉你人很好，以后更愿意帮你，而且在领导面前提出感谢，能进一步密切你和同事的感情联络，有利于未来工作的开展。

总 结

掌握了方法后，实践才会让改变发生

以上这些方法涉及时间管理、项目管理以及职场技能等多方面能力，是我在实践中提炼总结出来的，是非常高效实用的方法，尤其对于职场新人来说，掌握并灵活运用它们可以少走很多弯路。

掌握方法只是第一步，要想让自己的工作效率真正获得提高，最重要的还是要将这些方法不折不扣地应用到工作实践中，并根据自己掌握的进度不断优化，直至发掘出最适合自己的一套方法。

萧伯纳曾经说过："世界上只有两种物质：高效率和低效率。世界上只有两种人：高效率的人和低效率的人。"

愿我们每个人，都能努力成为高效率的人。

4

面对领导，6点帮你实现有效沟通

身边总有些人职场发展风生水起，平步青云，他们平日里和领导谈笑风生，会场上潇洒自信汇报工作，每一次亮相都完美无瑕，备受好评。

相反，有的人工作多年，仍然原地踏步，心里除了对别人的羡慕或嫉妒，剩下的就是一片茫然，无所适从，只是从职场小白混成了"老员工"而已。

没错，大学课本里并没有教会我们该如何和领导相处，生活和工作的实践中，也没人愿意传授该如何获得领导的信任，因此，职场新人很可能会遭遇如下困境。

- 对领导言听计从，却被批评"没有主见"；
- 被指派完成的任务，领导总是不满意；
- 做工作汇报，经常"驴唇不对马嘴"；
- 每天提心吊胆，不知道领导又给自己"什么脸色"；
- 辛辛苦苦，兢兢业业，却仍然无法获得领导信任；
- 不被重视，机会总也轮不到自己头上。

一个人知道怎么说话却未必清楚该如何跟领导说话，如何说才能获得好的沟通效果。尤其在向领导提出问题、确认需求、寻求支持和汇报工作等方面，"好好说话"显得更为重要。

只有先摸清楚领导的个性和管理风格，才能有针对性地采取不同的沟通策略，达到事半功倍的效果。比如作风强悍的领导，通常不喜欢说话唯唯诺诺、啰啰唆唆的下属；而一个行事温和的领导则会对经常"一针见血"直接指出同事问题的人避让三舍。

在认清了领导的总体风格后，掌握如下 6 种技巧，你就可以实现有效而清晰的沟通，让自己的工作成果不断得到认可。

一、给选择题而不是问答题

有些人在汇报工作的时候，特别容易犯的错误就是给领导出一道问答题，也就是直接问领导答案或解决办法。这也许是因为自己的经验或知识的确有限，真不知道答案或者究竟该怎么办，但是这样做只能给领导留下很不成熟、能力欠佳的印象。

而给领导出选择题则完全不同，你在提出问题时，能同时给出几种建议或方案，以及每种方案的优势、劣势，最后阐述自己认为合理的建议和相应的理由，以备领导选择和决定。

大多数领导都喜欢这样的汇报，因为他雇佣了你，就是要让你做好基础调研工作（问答题），而他则把精力放在如何有效做决策（选择题）上。

我们设想这样一个简单场景：你在市场部负责策划一项客户活动，关于确定酒店，你来征求领导的意见，有如下几组对话方式。

❶ 对话 1

你："领导，我们订什么酒店？"

领导："你问我，我问谁！"领导眼皮抬都不会抬一下。

你真的是欲哭无泪。

❷ 对话 2

你兴致冲冲跑到领导办公室。

你："领导，我们订 A、B 还是 C 酒店？"

领导："都行。"

你一脸懵，这不等于什么都没说吗？

正确的提问方式是这样的：

你："领导，初步订五星级酒店，同样面积的场地和使用时间，A 酒店报价 3 000 元，B 酒店 3 200 元，C 酒店 2 900 元。其中 A 包括茶歇，其余不包括。B 酒店房间有点紧张，可能不能容纳我们所有客户入住。评估下来，我推荐 C ！"

"听你的！"领导终于抬起了头，露出一丝微笑。

当然，实际工作中还需要罗列更多细节，进行综合对比，领导很有可能针对某些细节继续追问，但只要你能提前做好调研工作，将每个方案的优势、劣势分析到位，并给出自己的建议，经过领导的综合评估后，最优方案必然会脱颖而出。不信，你这样试几次，他一定会对你刮目相看。

二、重点突出，逻辑清晰

领导的行程一般都很紧凑，没有时间和耐心听你长篇大论，所以要提前想好每次谈话的目的和核心要点，比如重点 1、2、3；还需要注意，将重要的事情放在最前面说。

领导对那些说话啰唆、没有重点、语焉不详、东拉西扯的人，表面上无语，心里其实恨得牙痒痒。你完全可以从他紧皱的眉头、紧闭的嘴巴察觉到这种情绪，但如果你当时只自顾自地说，当然就观察不到这些。

所以连你自己都没想清楚的事情就不要急着去找领导，因为到时你只会毫无逻辑地越说越乱，领导最后都会被你说得抓狂了。

如下对话是在这方面做得比较好的例子。

"领导，今天有三件事向您汇报，事关我们今年新的战略方向。

"第一件事，有 30 份新代理商协议需要您签署。这些代理商的详细资料之前曾发邮件给您，如果您没看，我这里也有一份精简的列表供您参考。

"第二件事，有个广州的项目申请特价，需要您批准。这里有一页该项目预计采购额和利润计算结果，供您参考。

"第三件事，申请提升 Tony，这是申请表和他的业绩说明资料，如果有时间，我向您详细说明原因。"

其实要做好这样的工作汇报并不容易，因为事项多，彼此之间关联度又不大，很容易说得非常散乱、没有层级，所以开篇就必须简明扼要，第一时间开门见山指出汇报要点，快速引起领导注意。

这样做一方面便于领导提前知情和预判此次谈话涉及的内容，另一方面可以帮助汇报人整理思路，否则很容易失去焦点，一件事没说清楚，又马上切入另一个话题。

三、先讲结论，再展开具体说明

很多人汇报时通常喜欢将事情的来龙去脉先说清楚，然后才给出结论，其实这种方法是错误的。还是那句话，领导的时间很宝贵，当你沉浸在自己一步一步描述细节的时候，领导心里却只想问："你到底想说什么？你的重点是什么？"

所以，你需要先给出结论，让领导知道你的态度和想法，然后他才有可能带着问题去听下一步关于细节的具体说明和论述。

如果不是这样，就算遇到脾气好的领导，他也是在用最大的耐心听你说；而如果遇到那些急脾气的领导，他们会马上打断你，质问你的结论是什么，让你非常尴尬，这样的例子我见过太多，什么难堪的情形都有。

比如你想建议领导对某类产品降价，就要开门见山地说：

"领导，鉴于目前激烈的竞争环境，特申请降价 5%。（结论）理由如下：

竞争对手普遍降幅为 10% 左右；（分论点 1）

而我们产品定位稍高，不适合也降 10%，否则对品牌形象有损害；（分论点 2）

但是为了进一步吸引客户，我们可以在降低 5% 的同时，附赠小礼品。（分论点 3）

经过核算，这样一来，我们整体销量能上升 10%，利润率虽然降低了，但是利润总额提高了。（分论点 4）"

在汇报的同时，如果能展示精练的 PPT 和翔实的数据，就更可信了。

但如果不是这样，而是如下这样的对话：

"领导，最近我们日子很不好过啊，竞争对手降价 10% 了，抢了我们很多的客户，客户也抱怨，老给我们打电话，说我们怎么价格那么高，前几天南区老陈的一个项目就快丢了……"

说了半天，始终没切入正题，领导也不知道你啰啰唆唆地要说什么。

对比一下以上两种沟通方式，哪个会令领导更加喜欢？哪个沟通更加高效？答案不言自明。

四、重要汇报需要提前做演练

提前演练，就是说一定要事先针对汇报内容做模拟练习，从把控时间、汇报语言、逻辑框架等几方面准备，做到熟练掌握，烂熟于心。

在排练过程中将自己的"台词"设计好，既包括幻灯片之间的过渡用语，也包括介绍每一页幻灯片时的语言描述，以做到用语精练和精准，思路清晰，重点突出。

最好能先把这些用语记在纸面上，边演练边反复修改，这些都能帮助你在最后的展示环节完美表现自己。

除了准备汇报内容本身，还要针对容易被问到的问题尤其是一些数据来源和结论的推导进行精心准备，这样会显得你做事非常认真严谨。

我有个同事，遇到重要的工作汇报时，都要提前练习，喜欢拉上我帮她把关，给她提意见。她对自己的语速、表情、用语都颇为用心，慢慢地，从一开始有点做作、不自然过渡到后来大方得体、充满自信，让我也从中收益颇多。

五、讲究说话方式，不能当"好好先生"，也不能过于直接、不走大脑

有人说，想要让领导满意，什么都点头称是、什么都听他的不就行了吗？然而为什么当真的什么都听他的时候，他还是不满意呢？这个困惑存在于很多人心中。

首先，我们要肯定这种尊重领导的态度。虽然有时你对领导并不服气，觉得他并没有能力，但是在你还没本事取代他或者跳槽走人的时候，还是要抱着这种尊重的心态。

这样在你和他沟通或汇报工作的时候，心态才不会扭曲、难受。所以你需要适当地表扬领导，给他点"阳光"。

其次，从领导的角度来看，他在喜欢被人认可的同时，也希望听到你对问题的想法和建议，希望你能帮助他减少麻烦、解决问题。仅凭一张会说的嘴而没有任何实际办法和行动，也不会被领导赏识。

但要注意矫枉过正，不能说领导不喜欢"好好先生"，你就可以毫无顾忌地将自己的真实想法和盘托出。即使遇到一个相当开明的领导，愿意倾听你对公司的建议，也尽量避免知无不言、言无不尽。尤其不要轻易表现对具体某个人或某件事的赞扬或批评，否则容易给领导留下过于情绪化、公私不分的负面印象。

所以在这种情况下，要学会站在公司角度，从大局出发来发表你的想法和建议，才会让领导对你刮目相看，对你的信任和依赖程度逐渐加深。

六、多问几个为什么

为了避免工作虽然完成最后却被领导批评，勒令你重新返工的情况发生，你最好在工作开展之前，多问领导几个为什么，比如，他的期望是什么，希望获得什么样的产出。

如果遇到思路清晰的领导，那你比较幸运，在领导给出明确的方向后，你再动手开始工作，最后任务的完成质量基本八九不离十。

但如果领导在下达任务时，自己也不是十分清楚，或者还没来得及梳理清楚，这种情况对你来说不太有利，甚至比较棘手。这时不妨先试着将自己从工作中抽离出来，站在领导的角度思考：他让我做这项工作或者完成这项任务的背景是什么？对公司业务有哪些影响？为什么要做这件事？

任何事情都有因果和内在逻辑，你可以根据自己的理解整理好思路和想法，并跟领导进一步确认。如果得到肯定，就再好不过了，就算没有，领导也会通过这件事发现你是个爱思考的人，你的想法说不定会激发他的灵感，很多时候，他自己的想法也就呼之欲出了。

总 结

有效沟通，是跟领导和谐相处的基础和前提

工作干得好，并不是自说自话和自我陶醉，而是领导对你做出的评价，只有达到和超出领导的期望和要求，才是真正干得好，才能得到领导真正的认同和欣赏。

而如果你无法在第一时间跟领导做到有效而全面的沟通，无法清晰透彻地了解他的需求和意图，无可避免地会出现南辕北辙、吃力不讨好的情形，最后工作做不到位，完全无法令领导满意。

这样的人自然难以获得领导的信任，更不可能被委以重任。

5

当期望和现实开始出现偏差

初入职场，很多年轻人充满干劲，埋头苦干，一方面格外期望得到认同，从而进入管理层视野，获得升迁和快速发展的机会；而另一方面又经常感到力不从心，虽然非常努力和认真，却没有从领导眼中看到欣赏和赞许，当然更没有得到任何提升的机会。

你不禁问自己是不是太傻了，这么多加班的夜晚，这么多辛苦的付出，被公司和领导如此"压榨"却不被提拔，这一切到底值不值？当期望和现实产生偏差，你感到迷茫和困惑，不知道下一步该努力的方向在哪里。

下面就针对以上情形进行深入分析：

- 如此努力，却为什么不被提拔？
- 面对领导的"压榨"，该说"不"吗？

一、如此努力，却为什么不被提拔？

员工升职，一般由直接领导向上级领导及人事部门提出申请，获得批准后生效。所以，能否获得提拔的主动权在直接领导手中，如果得不到他的认可，你是无法敲开升职的大门的，干着急也没用。

我带领团队多年，遇到过不同性格和不同特质的下属，提拔过员工也辞退过员工，我发现有些员工看上去工作努力，却没有获得升职的主要原因可以归纳为如下 3 点。

- 不受领导重视，却不自知；
- 面临来自内部的竞争和挑战；
- 过高评价自我，其实能力欠缺。

❶ 不受领导重视，却不自知

领导的个人性格和管理风格迥异，这些或多或少会影响其对不同类型员工的喜好程度。比如，有的领导喜欢性格张扬的员工，而有的领导会对举止沉稳的人青睐有加。但是不管哪种类型的领导，如果你的工作质量和业绩不尽如人意，领导肯定不会提拔和重用你。

除了你和领导的性格不太匹配，还会有哪些原因呢？看看下面的清单，你是否中招了？

- 开会时不积极发言；
- 完成工作经常超期；
- 过于浮夸，不务实；
- 无法正确领会领导意图；
- 汇报工作词不达意；
- 大老远就躲领导。

如果有一种或多种以上情形经常在你身上出现，相信我，你已经被领导默默挡在了升职大门之外。领导眼中的你"大有问题"，缺点一箩筐，而你自己很可能完全没有意识到。

要避免这种"掩耳盗铃"的情形，就要仔细对照这份清单，检查自己是否存在其中一项、几项甚至全部命中。意识到自己有这些问题，就是一个好的开始,下一步需要刻意学习如何克服和改变这些问题,图1-2所示的建议供参考。

存在问题	改善对策
·开会时不积极发言 ⟹	开会时主动发言
·完成工作经常超期 ⟹	管理好时间和项目进展
·过于浮夸,不务实 ⟹	多展示结果,少说想法
·无法正确领会领导意图⟹	注意聆听,问对问题
·汇报工作词不达意 ⟹	重点突出,开门见山
·大老远就躲领导 ⟹	积极主动打招呼

图1-2　存在问题和改善对策

要想获得领导提拔,先从不被领导讨厌、改变自身存在的问题开始吧。没有这个前提,加班累到吐血,你也进入不了上升通道,无法站上更好的平台。

❷ 面临来自内部的竞争和挑战

一般来说,部门领导提拔下属的名额非常有限,这时一定存在内部竞争。此时你需要考虑自己是否在升职候选人名单上。因为并不是部门有提拔名额,你就是候选人之一。在领导的心目中,没准儿压根就没考虑到你,如果真是这样,你根本就无须焦虑,而应将精力放在如何让自己挤进候选人名单上。

如果你已经在候选人名单上,千万不要坐以待毙,天真地以为机会会自动送上门。此时你要主动找领导沟通,表达你积极向组织靠拢、要求进步的决心。

同时要向领导表示,升职后会帮助领导分忧解难,承担更多责任,让领导明白你升职的目的是协助更好地开展工作,而不是出于私心。

尽可能向领导汇报自己对待升职岗位的理解、工作规划和改善建议,让领导看到你已经具备并达到胜任新岗位的能力。

这时切记不要在领导面前贬损竞争对手，否则领导会质疑你的人品，以致不再考虑未来给你升迁机会，你这就等于亲手葬送了自己的前程。

在面临内部激烈的竞争时，如果实力还不够，就先韬光养晦，苦练内功；如果已经在候选人名单上，就要积极主动把握机会，让犹豫不决的领导下定决心将最后的砝码加在天平上你的那一端。

❸ 过高评价自我，其实能力欠缺

美国专栏作家戴夫·巴里曾提出如下观点：无论年龄、性别、信仰、经济地位有多么不同，有一件东西是所有人都有的，那就是在每个人的内心深处都相信，我们比普通人要强。

很多调查都能够证实这一点，《社会心理学》一书中也列举了几个实验结果：90% 的商务经理对自己的成就评价超过对其普通同事的评价；86% 的人对自己工作业绩的评价高于平均水平，只有1% 的人评价自己低于平均水平。

所以，当我们自认为工作足够努力、绩效足够好，因而埋怨还不被领导提拔时，很大可能也是对这个心理学理论的一个验证，即我们是不是对自己的工作能力和表现有了过高的估计，给出了不客观的评价？

以下清单可以帮助你判断自我评价是否过高，其实在领导心目中，你的工作并没那么优秀。

- 领导给你的年度评估是平均分；
- 领导没有经常给你正面肯定或公开表扬；
- 领导没有询问你对未来职业发展的想法；
- 领导经常对你的工作给出很多修改意见，甚至要求返工。

如果以上情形在你身上存在，就说明在领导心目中你的工作还有很大的改善空间，你在目前岗位还需要继续锻炼，因此领导并不会马上考虑给你升职。

真实地面对自己并明晰领导对你的认知，认识到自己的能力还有所欠缺，还有很多方面需要学习和提升，你就会摘下对领导的"有色眼镜"，而不会过分焦虑或感到不公。

这反而可以激发你找到自己不足的地方，有针对性地锻炼和提高，说不定在下一次提拔的候选人名单中，不知不觉你已经位列其中了。

❹ **工作努力，能力又强，怎么办？**

如果以上情形都不适用于你，你工作努力、能力又强，纯粹是机遇不好，因而不能获得升职，那不妨试试如下几个办法。

- 在不放弃继续争取升职机会的同时，评估一下继续留在这个部门是否还有必要，比如是否有新知识要学习，有新项目可以锻炼；
- 考虑公司内部是否有其他转岗机会或其他可能性；
- 如果以上回答都是否定的，公司再没有任何值得你学习的东西，那不妨骑驴找马，考虑外部机会，合适的时候可考虑跳槽。

在升职的道路上，有的人平步青云，有的人遭遇坎坷；有的人机遇无限，有的人机会难求。这里既有运气的因素，但更多是个人努力的结果，尤其是聪明的努力和正确的努力。

在竞争中积极主动、客观评价自我、找到未来努力的方向，这些就是聪明和正确的努力。

二、面对领导的"压榨"，应该说"不"吗？

领导们的"压榨"手段各式各样，比如严苛的细节导向，反复无常的想法，没完没了的要求，永远不满意，连珠炮似的挑战和质疑，提不完的十万个为什么……随便哪一招，都让人招架不住，甚至痛不欲生。

心目中期待的"完美领导"从未出现，自己升职加薪的希望也日渐渺茫，总是处于神经紧张或崩溃的边缘，有时真想干脆撂挑子不干，一走了之。

受一点委屈、给一点压力就无法忍受时，你可知道，你所羡慕的那些早早进入升职快车道的人，或是那些年纪轻轻就当上经理、总监、副总裁的人，谁没有被领导"虐"过和"压榨"过，哪个人不曾接受过"炼狱"般的磨砺？

在"压榨"和"被压榨"的过程中，如果能善用"被压榨"的机会，提高自身能力，虽痛但并快乐着；但如果只会吐槽、抱怨却无力改变，那剩下的就是痛并痛苦着。

❶ 领导的"压榨"，让你知道自己的极限在哪里

朋友阿颖从传统企业跳槽到互联网公司做文案，一开始信心满满，后来却有点吃不消：方案经常被枪毙，加班到很晚，领导却一句表扬的话都没有，对她的工作也总是不满意，她为此很沮丧。

阿颖说："我知道互联网行业发展快，但我也不是来被压榨的啊，凭什么领导可以潇洒地喝着咖啡，我就活该这么苦哈哈？真想分分钟就辞职！"

话虽这么说，两个月后再见阿颖时，只见她神清气爽、精力充沛。原来上次分开后，阿颖并没有一气之下辞职，经过认真思考，对过去一段时间的工作做了总结，并列出了下一步计划。

调整心态后，再次面对领导的"压榨"，阿颖不再抱怨。接到任务，她不是立马开始，而是先参考以往方案，借鉴成功的部分，吸取失败的教训，然后才动手根据新的要求设计方案，中间她也会主动向领导汇报进展。慢慢地，她的方案被打回重做或修改的次数越来越少，后来领导

竟开始在部门会议上表扬阿颖的出色表现。

阿颖说，领导其实也不容易，有一次她加班路过总经理的办公室，恰好看到自己的领导被批评的一幕。平日里对她盛气凌人的领导，而今竟然也有低头不语这样不为人知的一面。然而第二天，这个昨日还被"修理"的领导却又满血复活般再次出现在办公室，对"阿颖"们"挑三拣四"！

阿颖终于明白，在公司的金字塔式的组织架构中，每个人都注定会被上一级"压榨"。这种"压榨"，其实就是让员工不要被思维束缚，不要满足于现状，要敢于尝试。只有这样，真正的潜能才会被激发出来，否则，你永远不会知道自己的极限在哪里。

❷ 领导是自己的一面"镜子"

当面对来自上级的压力或者"压榨"的时候，当觉得领导提出的要求有些"无理"时，也许你的第一反应不该是反感或抵触。

如果你能先冷静下来，客观听取领导的要求，认真检查自己的工作，问问自己："难道自己的工作真的已经完美无缺，没有问题了吗？领导真的是在无理取闹、吹毛求疵吗？"倘若不是，领导提出的那些意见或要求，不恰好是你自己的一面镜子吗？

通过这面镜子，你可以重新审视工作，思考有没有更好、更高效、更可行的方案，有没有量化的标准可供检查，是否存在一定的风险，备选方案是什么。

不断改进和完善工作，不仅能让工作质量越来越好，你自己也会在不知不觉中学习了新东西，应用了新方法，看问题的角度也会更深更广，能力也就不断提高了。

而如果你没从这个角度考虑，只是一味纠结于领导没有人情、不给加薪时，心态上就已经输了，即使有再好的机会，也会干得心不在焉、敷衍了事。

　　而领导一旦认定你目光短浅，那才是你需要恐慌的事情，因为在他眼里，你已经和未来的发展空间毫无关系，当然也不会给你升职加薪。

　　在"压榨"和压力面前，不要过于算计自己吃了多少亏，更应思考这种压力能给自己带来多大的成长和进步空间。

❸ 警惕你的失败者思维

　　朋友晓光前些日子招了两个应届毕业生——小利和小劲，几个月下来，他发现这两人呈现出完全不同的发展方向。

　　小利工作效率低下，漏洞百出，无法按时完成，也不愿意加班赶进度，还经常抱怨晓光的要求对刚毕业的大学生来说过于苛刻，很不合理，自己每天就是给别人打杂，什么也没学到。甚至小利私下里还跟同事们说想跳槽。

　　小劲却不一样，他主动帮其他部门整理文件，借机学习和了解公司相关业务；对晓光提出的要求，小劲非但没有抱怨，还经常多做出几个方案，并主动承担其他同事忙不过来的项目和工作。

　　有一次，晓光要拜访一个外地客户，到了机场后，紧急需要一份报告，打电话到公司，发现部门里只有小劲在，晓光别无选择，只能安排这个新手帮忙。

　　没想到小劲不慌不乱，很快将报告做完并打印装订好，赶到机场，在晓光进入安检口的前一刻交给他，解了燃眉之急。原来这一切都得益于小劲平时一点一滴的有心积累，这才能在紧急关头成功地帮助领导渡过了难关。

　　在整件事情的处理上小劲显得自信成熟，丝毫没有新人的影子。从此，晓光对他刮目相看，非常器重，当然也开始了对小劲的进一步"压榨"。

　　站在领导的角度，他们看中的是员工的未来发展潜力和可能给公司创造的价值。他们更愿意把"压榨"机会给那些有意愿提升自己的人，而不是计较有没有加班费的人。

一个人如果只看重眼前利益和一时得失，把多做事情当作分外之事，永远追求性价比的最大化，那他离未来发展的机会也就越来越远。而这些宝贵的机会，才真的是花钱都买不来的。

年轻人只想着当一天和尚撞一天钟，拿多少钱就干多少活儿，心里老是盘算着时薪、月薪，除了会抱怨和得到一份微薄的薪水外，什么也没有，这就是典型的 loser 思维（失败者思维）。

❹ 被"压榨"时，保持开放和积极心态

仔细想想，如果你感觉被"压榨"了，在某种程度上，说明你还有利用价值，也就是说，领导还是认可你的智慧和能力，能帮他完成既定任务和目标的。

此时的你，存在着选择的自由。你可以选择继续接受"被压榨"或者以何种方式"被压榨"，如果你真的足够优秀、有能力，你就具备和领导进行谈判的筹码；当然，你也可以在这些条件没有被满足时，选择跳槽，潇洒离开。

但是真实生活中普遍存在的情况是，嘴上说不想"被压榨"，行动上却打折扣。一方面，觉得付出没有得到相应的回报，从而失去动力，抱怨命运不公；另一方面，又没底气讨价还价或者干脆离开，结果是工作被动应付，得过且过。长此以往，容易对领导产生抵触情绪，导致双方关系紧张，工作质量下降。而进取心磨灭，个人能力没有得到提高，这才是最可怕和让人担忧的。

总 结

期望和现实产生差距，先从自身找原因

"理想很丰满，现实很骨感"，说的就是人们在现实面前，总要碰壁和吃亏，无法一步实现理想，达到目标。这其实再正常不过，毕竟一步登天、一晚成名、一夜暴富的故事在真实生活中发生的概率微乎其微。

差距产生时，我们不必气馁，无须惊慌，坦然接受它，然后客观地审视自己在哪些方面仍存在不足，这是成长道路上我们突破自身限制、不断向上发展的重要基础。

另外，用开放的心态面对工作挑战，将每一次被"压榨"看成是锻炼和提升自己的机会，那么每一次的得失成败都会形成厚实的积累，汇流成川，聚沙成塔，最终缔造出我们未来更宽的视野、更大的平台、更好的事业方向，助力我们成功地驰骋于职场江湖。

6

职场新人的日常心法，助你度过职场前2年

职场是一所没有大门的学校，除了干好工作，还有很多软实力能助力你"苦练内功"和"修炼心法"。这些"心法"会贯穿日程工作始终，让你在不知不觉中养成良好的工作习惯，时间一久，职业素养逐渐形成并日渐深厚，跟初入职场时的自己比起来，你早已不可同日而语。

之所以说是"心法"，就是因为它们虽藏于内心，却无时无刻不影响着你在职场中的一言一行，而这言行才组成了一个活生生的你。下面，就从 6 个方面逐一解析：

- 为什么上班要早到 10 分钟？
- 没有执行力，失败只是早晚。
- 怕麻烦，以后就都是麻烦。
- 总说"下次吧"，就再也不会有下次了。
- 温柔地拒绝，你将赢得尊重。
- 如何完美结束一天的工作？

一、为什么上班要早到 10 分钟？

我家离公司不算太远，所以通常会早到办公室一会儿，每次到的时候，我都发现新来的小顾已经坐在办公桌前工作。

开始我以为新加入公司的他早到办公室可能只是为了好好表现一下，但是一段时间过后，发现他每天如此，我很纳闷，忍不住找他聊了聊。

小顾说，上班早到 10 分钟不是他到新公司才开始的，在之前的公司他也一直这么做。他跟我说，千万别小看这 10 分钟，好处实在太多了，比如：

- 早到就意味着早 10 分钟出门，能躲过交通早高峰时段，无须因没挤上公交或地铁而多等几班；

- 早到办公室，周围很安静，正好可以查看日程表，梳理当天的工作安排，比如需要提交什么报告，几点要给客户打电话，下午的会要准备什么；

- 领导一般都会提前到，此时他们漫长的会议还没开始，趁他们不忙时，主动过去和领导简单聊几句，既可以请示工作，也可以增加感情联络；

- 因为不受干扰，思路比较清晰，此时可以将一封比较难回复的邮件拿出来好好思考和分析，设计好措辞和内容，得体地写好并发送出去，这时候也是灵感迸发的最佳时刻；

- 这 10 分钟也可以到楼下餐厅从容享受早餐，并带上一杯拿铁上楼，当然，更可以在别人还没来的时候，独自享用公司咖啡研磨机，好好给自己打一份带奶泡的咖啡，或者用心泡好一壶茶，顺便撒上几粒枸杞。

用如此饱满的精神和愉悦的心情开始一天紧张的工作，实在划算。

小顾越说越兴奋，就好像因为这早到的 10 分钟，他捡了多大的便宜似的，我不禁感慨，真没想到年纪轻轻的他竟然把这个看似简单的问题想得如此通透。而后来小顾在工作上的出色表现也印证了我的猜想，公司提前 3 个月结束了试用期，将他转正，那意味着他也提前开始领取季度奖金。我相信他的潜力不止于此。

回忆一下我共处过的领导和优秀同事，他们都有早到办公室的习惯，他们经常是公司餐厅第一批吃早餐的人（食堂提前半个小时开放）；当我刚落座打开邮箱，就会收到十几分钟前他们早已发出的邮件。

10 分钟看似无足轻重，但是早到 10 分钟就可以让你每天从容自信、游刃有余，晚到却可能让你每天匆忙上阵、疲于应付。

早到 10 分钟，体现的是一个人在掌控和规划时间、工作甚至自我管理方面比别人更胜一筹。而仅凭这一点点的努力和自律，他就会占据先机，赢得更多的机会。

二、没有执行力，失败只是早晚

我们做事情时，为什么有目标却无法完成任务，或者能完成短期或紧急的任务而对中长期任务束手无策？究其原因，就是执行力太差。很多人空有一腔热血，掉进执行力差的大坑而不自知，让人唏嘘。

执行力到底有哪些大坑，又该如何避免呢？

❶ 没有目标或目标设定不合理

哈佛大学曾做过一项著名的跟踪调查。被调查对象是一群智力、学历、环境等条件相似的年轻人，调查结果发现：

- 27% 的人没有目标；
- 60% 的人目标模糊；
- 10% 的人有清晰但比较短期的目标；

- 3% 的人有清晰且长期的目标，并能把目标记录下来，经常对照检查。

研究人员发现，25 年后他们的生活状况和有没有明确的目标高度相关。有合理、清晰且中长期的目标（计划）的人，成功的概率会比较高。而明确的目标正是提高执行力的关键。

你也许会说，你每年年初都会制定很多目标，比如"我要学习""我要看书""我要减肥""今年工作要干得比去年好"……

事实上，有很多我们认为是目标的东西，其实只是想法。"想法"要想转化为"目标"，不仅要使其可以被衡量，而且要规定期限，以便进行后续的跟踪和监督，这样才会让自己有坚持做下去的兴趣和动力。

比如上述几个想法就可以设成如下目标。

- 我要学习：1 年内看 20 本书，3 个月内背诵 5 000 个英语单词，通过某项资格考试。
- 我要看书：每个月阅读 2 本书，其中 1 本专业书，1 本管理书。
- 我要减肥：制订详细的饮食和健身计划。

与此同时，要结合自己的时间和精力，设定合理的目标。过于激进的目标，对人的意志力和执行力的要求更为苛刻和严格。而一开始就感受到过重的压力和挑战，很容易产生挫败感，而放弃整体目标。

当我们发现自己执行不到位或者要放弃的时候，首先应该反思自己的目标是否清晰、合理、可量化，以及长短期目标是否平衡。不然就会陷入"越执行越焦虑，越焦虑越放弃"的恶性循环。

❷ 害怕失败而拒绝开始，那还谈什么成功

顾城有这样一首小诗："你不愿种花，你说：'我不愿看见它一点点凋落。'是的，为了避免结束，你避免了一切开始。"

诗中说的是花，我却看到了那些因为害怕失败而不敢开始的人的影子。

我有个表妹，花了很多钱参加烘焙班，学完后在家里添置了各种烘焙设备、工具和原材料，相关书籍和 DVD 摆满书架。全家人以为从此以后足不出户，就可品尝美味的蛋糕。

谁知好几周过去，也没见表妹大展拳脚，她不是嫌家里烤箱空间不够大，就是嫌原材料不够新鲜，找了很多理由解释自己的不作为和没执行。终于有一次，在朋友圈看到了她的首秀：一枚烤红薯。

后来听说她家所有的烘焙用品都已经收入仓库，不再使用。她妈妈跟我说，表妹一直没做蛋糕的原因是担心自己做出的蛋糕太烂，所以不敢做！因为害怕失败而拒绝开始，是不是很傻？

我们做事情总是期待能获得认可、能取得成功，这也是我们开始和坚持做一件事情的初衷和动力。没有人会保证我们做什么都会成功，但是选择不开始就连成功的一丁点机会都没有了。

❸ 过于追求完美，反而容易半途而废

你是不是有过这样的经历：

- 部门提案会议中，没有一项方案是无懈可击的，总会被其他人找出"重大缺陷"进而被枪毙；
- 就算是看得上眼的方案，也会被问上一万个为什么：这个主意太一般，那个细节没考虑到，不够完美⋯⋯
- 3 个小时过去了，讨论还是没头绪、没结果，所有参会人员都精疲力尽，项目仍然没有实质性进展和推进，焦虑、紧张弥漫在整个会议室⋯⋯

再如，领导安排你写一份报告，还有两天就到截止日期了，你的报告却刚刚写了两页。领导经过你座位旁，随口问起进展，你振振有词："还差一个部门的数据没有收上来，等所有数据到位，我就可以写了！"

你以为领导会理解、同情你，谁知他轻轻甩出的一句话，就让你无话可说："其实你完全可以先把报告的框架和模板搭建好，甚至将手头现有数据先填入表格，等最后一组数据一来，你就可以将所有数据一次性更新到现有模板了，只需要10分钟。但依你现在的进展，别说还有两天，再给一周你也完成不了！"

Facebook首席运营官雪莉·桑德伯格（Sheryl Sandberg）曾经在她的专著《向前一步》中说，Facebook有一幅海报，上面印着大大的红字：

完成，好过完美。

我已经以此为座右铭。完成，说明这件事虽然有挑战，但结果证明能够实现，之后也常常让人如释重负。过于追求完美，最好的结果便是心生挫败感，最糟的结果则是使人完全麻木。

我们经常为了追求完美，陷入细节的论证而忽略了行动本身；或者即使开始执行，也会因为局部的不完美而灰心丧气。追求完美的前提是先完成——只有完成，我们才有机会根据时间、精力和手头资源对细节做调整和修正，朝着理想的目标继续努力。

调整的过程也是个人成就感和价值实现的过程，更重要的是，这一次，我们没有半途而废。

三、怕麻烦，以后就都是麻烦

我们每天行色匆匆，忙于生计。早上忘了吃早点，晚上又累得倒头便睡；结束一场会议又转场到下一场；在忙乱中盲目地去兑现一个又一个承诺。忙得团团转，却根本没有心思认真去想一件事，因为觉得太麻烦。然而当我们忙了一圈后，最终发现，因为怕麻烦，不仅给自己带来了更多的麻烦，还让自己失去了更多；更因此拒绝了所有我们可能喜欢的事。

❶ 怕麻烦，却带来更多的麻烦

举个例子，因为怕麻烦，你对自己报告中的数据没有进行多部门核实就发给领导，结果领导火眼金睛，一下子就发现了问题所在，他一边责怪你不用心，一边要求你进一步核实信息。你欲哭无泪，早知这样，还不如把这些工作做在前面，也不至于被领导批评一顿！

因为怕麻烦，而通过降低标准试图侥幸蒙混过关，结果往往不能如意，因为总有一个环节会对这种低标准和低质量提出疑问和挑战。而一旦遭到质疑，所有的尴尬、被动、难堪和狼狈都只能让你追悔莫及，你的个人信誉就此分崩离析。

所以当懒惰之心刚一萌芽、怕麻烦的想法浮上心头，你就要高度警惕了，因为稍一疏忽，自欺欺人最终会真的害了自己。

❷ 怕麻烦，是对新事物的不安全感

有些人怕麻烦，是因为做一件新事情时，会产生极强的不安全感。比如新项目出现，最常听到的抱怨就是"太麻烦""不好用""不方便""不会用"。他们试图通过传递这样一种信息，达到阻挠项目进展的目的，骨子里反映的不过是墨守成规、担心变化、拒绝改变的心态。

怕麻烦只是一种掩饰和伪装，藏在背后的是浓浓的自卑和对未知的恐惧。因为变化带来的不确定性让他们感觉极度不安全，怕因此失去目前所拥有的一切。其实他们越担心，他们失去的速度只会越快。

❸ 怕麻烦，拒绝了所有你喜欢的事

我曾经有过一段学习钢琴的经历，那时每天中午利用午餐时间去公司附近的琴行学习 40 分钟，几个月坚持下来居然也可以简单地演奏《友谊地久天长》，这让我开心得不得了。

几个女同事知道了以后，纷纷向我打听在哪里学、多少钱、难不难、老师怎么样、钢琴怎么买之类的问题。看到大家热情如此高昂，满以为从此我们可以成立一个女子钢琴组，大家一起开心练琴和交流，为忙碌的工作之余画上一笔瑰丽的色彩，该有多棒。

结果几天过去，这几个人却没什么动静，我还是一个人去练琴，就忍不住主动去问她们怎么回事。这几个同事的回答出奇地一致："我们挺喜欢弹琴的，也希望有一天自己可以演奏一曲。但是仔细想想真的好麻烦啊，要懂五线谱，会识琴谱，还要置办钢琴、完成作业，想想都头大！我们支持你啊，你要坚持哟。"

我竟无言以对，每个人都可以自由选择，不是吗？选择"麻烦"，为自己喜欢的事情付出努力，并享受因此带来的快乐；选择"怕麻烦"，只能对自己喜欢的事情远远观望，快乐是别人的，与自己无关。

就像蔡康永曾经说过的："15岁觉得游泳难，放弃游泳，18岁遇到一个你喜欢的人约你游泳，你只好说'我不会'。18岁觉得英文难，放弃英文，28岁出现一个很棒但要会英文的工作，你只好说'我不会'。人生前期越嫌麻烦，后来就越可能错过让你动心的人和事。"

我们不过是用"怕麻烦"当作自己逃避的借口而已，因为我们只想看到那些动人的瞬间，却不愿为此付出。怕麻烦帮我们拒绝了所有我们可能喜欢的事，我们不断错过，不断失去，最终让自己走入无趣和平庸。

④ 最懒的就是你自己

有时，就因为一闪念间的怕麻烦而让我们陷入不堪的境地，让我们失去比得到快得多，最终与美好擦肩而过。

改变思维和行为习惯的确是件麻烦的事情，但是更麻烦的是你最终会发现这样一个事实：最懒的就是你自己。你懒得动脑子提高工作质量，懒得花工夫去总结提炼，懒得敞开心扉迎接变化，懒得付出辛苦追求美丽，甚至懒得去思考"为什么我这么努力还是失败"这种问题。

如此这般，你说你是不是活该一辈子做个失败者而永远无法逆袭？

四、总说"下次吧"，就再也不会有下次了

你是不是早已习惯了听或者说下面这样的话？

- "来日方长，下次吧，下次再说。"
- "不急不急，下次吧。"
- "还有很多机会，下次吧。"

不管你是否乐意承认，"下次吧"这三个字反映的绝不是字面上的意思，其背后的真实含义很可能就是敷衍、拖延甚至拒绝。

❶ 下次吧 = 拒绝

朋友阿慧说年初时领导答应给她加薪，第三季度已经过完，也没见动静，她又不好意思去问，很是焦虑。我就问她："年初时领导是怎么和你说的？"

阿慧说："其实是我主动提的，加入公司几年，我的工作业绩不差，却比新来的同事工资低，我就找领导聊了聊，表达了希望涨工资的想法。"

"领导当时就答应了？"我追问。

"是啊，他对我的想法表示认同，说我讲得有道理，之后会和 HR 商量一下，并说'下次吧，下次再说'。这年初、年中的调薪时机都过去了，还要等哪个下次啊？"

我听了，哑然失笑，虽然明知会打击阿慧，但还是直言相告："阿慧，他这可不是答应，反而是拒绝你！"身为管理者，我理解阿慧领导的思考角度并非像阿慧所想。

阿慧要求加薪的理由其实并不充分，工作多年的员工很多，大多数人都能基本达到工作目标，但是仅做到这一点并不意味着就有理由获得加薪。

在面对员工提出升职或加薪要求时没有直接拒绝，是因为领导个人及管理风格的不同使然。有些领导会坦诚相告"你还没达到加薪的标准"；而有些领导则碍于情面，不愿直接说"不"，用"下次吧"来委婉拒绝。

这种情况通常发生在向对方提出的要求和期待过高，尤其面临资源和机会稀缺时，你更应该提前有心理准备，有可能会遭到对方用直接或委婉的方式拒绝。"下次吧"作为婉转拒绝时经常使用的台词无疑会在此时派上用场。而一旦有了这个"下次吧"，一次次过去都没有下文、没有任何进展，那你就真的该反省和警惕一下了。

❷ 下次吧 = 敷衍

比如，某个同事经常忘了把你的名字放在财务月报邮件的收件人列表中，每次都是其他同事好心把报告转发给你，你才看到。你虽然不高兴，但还是很客气地和这位发邮件的同事说："请下次别忘记把报告发给我，收件人里一定要将我的名字放进去啊。"对方也客客气气地说："好，下次吧。"

结果下个月你还是没有如期收到报告，一开始你以为发送时间推迟，一打听才知道其他人早已收到，你的名字再一次没有被放到收件人列表里，你心里明明气得很，却因为都是平级同事，实在不知道该怎么教训对方才好。

对方当时在抛下一句"下次吧"的时候，注定就是一句敷衍，也许他并非存心不想发给你，而恰恰就是没走心、没当回事而已。

遇到这样的情况，无法改变对方时，我们只能改变自己。比如，平时就可以半开玩笑半认真地和这位同事提起这个话题，并在他要发出报告的前一两天，亲自提醒一次。

其实，能真的将"下一次"当回事并付诸行动的人并不多。约定如此模糊，他们并未认真对待"下一次"这个承诺，在接下来的各种忙碌中，最终彻底遗忘这件事。

❸ 下次吧 = 自我拖延甚至放弃

有时不是别人，而正是我们自己对自己说"下次吧"。

有多少回，说要跑步减肥，跑了一两次，遇到天气不好、起床晚了或是干脆犯懒，你安慰自己："先休息几天，过几天再跑，下次吧。"

有多少回，你沉迷于手机游戏，家人劝你少看手机，多陪陪他们，你在紧张地打怪通关，头也不抬地回了一句："等我打完这回，下次吧！"你根本没看到家人无奈的眼神。

有多少回，领导批评你工作不认真，数据有错误，报告格式不美观，让你下次改善，你不服气，觉得领导啰唆，心里说："我哪有那么多时间改，下次再说吧。"

在这些情况下，你的"下次吧"，只不过是在寻求自我心理安慰，仿佛说了这句话，自己就可以心安理得地拖延，等待下次再行动，而你今天的不作为就可以获得原谅或者忽略不计。

你总觉得自己还没有准备好，机会还不成熟，精力还不允许，条件尚有欠缺，所以总把希望寄托在"下次"。而这样的结果通常是下次成为没有下次，拖延最终演变为彻底放弃。

如果真的是"下次"和有"下次"，那就针对自己的这个"下次"，拿出"再战江湖"的勇气、一份明确的"下次"的行动时间表，以及一个赏罚分明的措施，鞭策自己继续而不是放弃。

❹ 下次，或许是明天，或许是明年，或许是下辈子

学会分辨"下次吧"是拒绝、敷衍，还是真心话，能帮我们理性判断事情的未来发展并制订下一步行动计划。

如果"下次吧"是拒绝，就理性面对，进一步追问被拒的真实原因，这能帮我们看到自己的不足，明确哪里需要改进。

如果"下次吧"是敷衍，就要更加主动争取，因为在你看来很重要的事情，在别人那里可能就不是优先级，主动询问、督促，甚至亲自上阵，才能打破无奈接受结果的迷局。

如果自己认定或决定真的有下次，那就认真对待，充分准备，让自己下次的表现更加完美。

五、温柔地拒绝，你将赢得尊重

初入职场时，我曾是个不会拒绝的人。有一次，一个前辈因为缺人手，请我帮忙做一个项目，等他们的新人来了，就可以将这部分工作转出去。虽然当时我本职工作的负荷已经很满，但实在不好意思拒绝，怕影响同事关系，让前辈对我留下不好的印象，所以咬牙接受了。

有一次因为赶本职工作进度而推迟了提交项目报告给前辈，结果遭到他劈头盖脸的数落，如此吃力不讨好，当时感到非常委屈。因为不好意思拒绝，给他人提供方便或帮助，经常导致的结果是"我本一心照明月，奈何明月照沟渠"。

回应他人的请求或帮忙本来是出于自愿，有些人却会将别人的这种"自愿帮忙"当作理所应当。一旦你稍有怠慢，他们就会立马翻脸，甚至恶言相向，最后形成"道德绑架"，而这恰恰是越过"心理边界"的恶果。

心理边界，其实就是人与人之间维持正常关系和交往的一道看不见的防线。但是因为不好意思拒绝，在面对别人的不合理请求时，即使感到为难，也会因为心软而接受，从而导致他人渐渐突破防线而越界或是强行越界，侵占你的心理空间，最终导致双方关系紧张甚至爆发冲突。

只有认清自己和他人的"心理边界"，并守住这道防线，才能保护自己和他人的"心灵小屋"，最大程度地减少与他人之间的交往冲突。

那么，该如何温和而坚定地拒绝一些不合理的请求呢？

生活中的朋友、办公室里的同事，需要相互帮助的时候很多，在力所能及的情况下，对他人伸出援手，帮他人解危渡难必要而有意义，体现着一个人乐善好施的美德，在帮助他人的过程中自己也能获得快乐。

但总有一些人会提出不合理的请求，而当你判断出这种请求已经越过了你的心理边界时，就不要再感到不好意思，要善于运用"温和而坚定"的方式拒绝。

温和，是指语气和情绪上要委婉和温柔，不要严词拒绝，即使是炮弹，也应当裹上糖衣。因为情绪带有很强的感染性，你一旦严词拒绝，对方马上就会感受到你的抵触情绪，进而对你的个人产生反感甚至怨恨，这无疑会影响你未来的人际关系和交往。

坚定，是指既然你已决定拒绝对方的请求，即使对方死缠烂打或威逼利诱，在用温和的方式和对方周旋了几个来回后，也要一直坚持这个决定。

温和而坚定地拒绝，要注意以下几方面。

- 肯定对方的动机，表达自己内心愿意帮忙的初衷；
- 委婉地表达自己的现状和困难处境，从而致歉，表示爱莫能助；
- 虽然不能亲自帮忙，但可以帮助对方想出替代方案或更好的建议；
- 拒绝的时候，一定要注意说话技巧，将此事的利弊表述清楚，委婉地表达对此事的看法；

- 整个过程要注意保持倾听，不要让对方觉得你心不在焉，对他漠不关心；

- 化被动为主动，让对方了解自己的苦衷与立场，就可以减少拒绝的尴尬与影响。

温和而坚定地拒绝，能让我们重新获得驾驭自己生活的能力，重新找回失落的自己，也能为我们的生活和工作注入更多快乐和自信，因为它能使我们得到解脱，从而有精力去关注那些我们最应该珍视的人和事。

六、如何完美结束一天的工作？

不少年轻人晚上迟迟不肯睡觉，因为他们觉得一觉醒来就意味着将再次面对苛刻的领导和没有终结的工作，这让人无比惆怅，只好用消磨时光来结束这一天，接着又用仓皇失措和低效麻木迎接新的一天。

你可能没有发现，导致这种局面的原因是不知道该如何完美而有效地结束一天。以下 5 个步骤和方式会帮你从容结束今天，自信开启明天。

❶ 回顾当天

也许你一天的生活和工作过得平淡无奇，也可能过得丰富多彩，但无论怎样，你都可以总结出 3 点最重要的感悟和心得，比如从这几个角度思考：

- 今天哪些事情做得比较好或比较成功？关键成功因素有哪 3 点？

- 哪些事情做得不理想或者失败了？最主要的原因是什么？

- 今天有没有发生让你特别感动 / 欣赏 / 震惊 / 恼怒 / 悲伤的事？你的领悟是什么？

- 今天你遇到了什么优秀或能力强的人？他（她）在哪方面值得学习？

- 今天你学会了什么新的或者高效的工作方法或流程？

当你没有头绪总结这一天的收获时，就可以参照上面这几点思路，一定会找到触动你或启发你的重要 3 点。

❷ 梳理明天

回顾完今天，就可以梳理第二天要进行的 3 项重要工作、任务或活动。比如参加一个重要会议，你是否提前准备好了资料和发言？再如拜访一个客户，是否要确认好时间和地点，拜访的目的是否明确？又如要和领导进行一次谈话，谈判策略和目的想好了吗？等等。

只要花上一点时间整理一下思路，提前将这些重要工作做到心中有数，第二天一早就完全可以从容开始，不再慌乱。

我记得有一次，早上 9 点约请领导参与的会议已经过了 20 分钟，有个同事还没到场，助理打电话给他，结果人家正在外面办事，彻底忘了这个会议，领导得知后恼羞成怒。

如果这个同事在前一天晚上就把第二天的日程过一遍，一定会知道这个会议是优先级最高、必须要出席的，然后做些相应准备，就绝不会发生这种乌龙事件。

❸ 准备衣服和包

按照职场礼仪，女生每日都要更换服装，连续两天穿同样的衣服是很不得体的做法。男生即使不换外套，衬衫也需要每天更换。晚上睡觉前能花上几分钟将明日要穿的服饰选好并搭配好，然后挂在衣架上，第二天一早起床后就能马上换好，绝对可以避免在一堆衣服中翻来翻去找的慌乱和焦急。

不管男生还是女生，都会随身携带或大或小的包包，比如书包、背包、拎包等，用来存放电脑、手机、钥匙包、纸巾、化妆包、充电宝、证件等物品。如果你每天早上都在着急忙慌中将这些东西扔进包里，保证会落下几件。而如果在前一天晚上能将所需物品提前放到包里，在忙碌的清晨，你完全不用再花心思找东西，收拾妥当拎包就走，非常省心。

❹ 临睡前做喜欢的事

在回顾、总结完当天工作并整理好第二天的物品后，就进入了睡前环节。临睡前我们可以做些自己喜欢的事，如泡澡、看书、听音乐等，来放松和舒缓紧张的身体和神经。

不建议看情节紧张、刺激、恐怖和悬疑的影视或书籍，因为那样不仅不利于睡眠，反而会刺激大脑神经，使之处于高度兴奋状态，让人迟迟无法入睡。

这个时候的任务就是让我们能在自然、愉悦和轻松的状态下安心入睡，只有得到最大程度的休息，睡眠质量才高，第二天的精力和体力才能达到最佳状态。

❺ 准时上床睡觉

这一点很容易被人们忽略。就是说，我们要根据自己的生物钟，规定一个固定的上床时间，10 点、11 点甚至 12 点都可以，关键要准时。

举个例子，你正在看一部好书或一部好剧，情不自禁地想要看到结尾，一不留神就错过了睡觉的固定时间。等困得不行才爬上床，却感觉刚刚睡着，6 点钟的闹铃就丁零零作响，无奈中极不情愿地爬起来，在一片兵荒马乱中开始了新的一天。

所以如果不能准时上床，那前边的工作做得再好，第二天一脸倦容的你顶着两个大大的黑眼圈，实在和自信、从容沾不上边。

完美地结束了一天的那一刻，其实就在为明天储备精力，做好准备去迎接第二天清晨第一缕充满希望的阳光。

总　结

总结自己的职场心法

职场前 2 年，你从一个懵懵懂懂的毕业生过渡到职场人，在思维方式、为人处事、工作方式等多方面会不断受到冲击和挑战。

适应得好，快速熟悉新环境和新工作，融入团队没有障碍，职场之路就会越走越宽，机会也会越来越多；而如果无法适应，不能及时调整心态，因此遭到领导和同事的批评，就难免会产生心理落差，感觉前途渺茫。

职场并不可怕，每个人都是从职场新人一路摸爬滚打，一步步打拼出来的。怀抱开放的心态，将关注的焦点始终放在如何能让自己有更多收获、更多成长，善于总结自己的职场"心法"，才能为日后承担更大的责任、发挥更大的作用打下良好的基础。

第二章

5年内，换挡提速，加速成长

2～5年

1

提高沟通和表达能力，让自己不可或缺

度过了磨合期和适应期，你对自己的工作内容已是信手拈来、烂熟于心，但领导好像永远有提不完的要求，在你眼里，领导总是"没事找事"，老是针对自己，你心想要是对自己哪里不满意可以直接说出来，犯不着拿工作当借口啊！

职场新人在面对领导越来越多的要求时，难免会有如此困惑。其实，领导对你的要求之所以会逐渐提高，并非无中生有、故意找茬，因为没有人会永远用新人的标准看待你，你总有一天要摘下"新人"的帽子，而在工作绩效面前，领导对你和其他同事将一视同仁，没任何差别。

在领导提出的这些要求当中，最关键的就是你是否具有较强的沟通和表达能力。你或许不知道，在领导眼里，这一点是判断一个下属是否有能力、是否值得信赖的最重要的标准之一。

一个人如果不仅能清晰表达自己的观点，而且能准确理解对方的意图，通过有效沟通完成任务、实现合作共赢，那自然会得到领导的欣赏和重用。

一、有效的沟通和表达为什么如此重要？

有效的沟通和表达可以帮助我们做到以下几点。

❶ 准确理解对方的意图和决策

领导交代的任务是我们每天工作的重点，如果只凭主观判断，没充分理解领导的想法和意图，没有确认，不懂及时反馈，那很可能忙了半天，结果却跟领导的期望南辕北辙，到最后你不仅没有功劳，反而会遭到批评和误解，这真的非常冤枉。

然而，懂得有效沟通的方式并运用一定的技巧，就会避免这种情况的发生。

不仅跟领导如此，跟同事尤其是来自跨部门的同事合作也是这个道理，只有将彼此的诉求点和要求讲清楚、说透彻，确保对方理解正确，才能使工作和流程有效衔接，得到对方的支持和帮助。

❷ 提高自己和团队的工作效率

不讲废话，注意倾听，让彼此的理解处在同一个频道上，这样可以少走弯路、少做无用功，避免往错误的方向上越走越远，从而提前完成工作或者提高单位时间产出，这对于快速提升个人能力、提高团队工作效率都非常有益。

❸ 消除和化解沟通障碍或矛盾

当双方沟通透明、顺畅和有效时，大家的认知就会保持一致，最大程度地避免歧义和误会的发生。殊不知，猜疑和矛盾往往就是沟通不当所致。

二、如何提升自己的沟通和表达能力呢？

❶ 那些不受欢迎的发言，到底是因为什么？

我曾经参加一次月度汇报会，售后服务经理 Andy 上台刚一张嘴，台下听众的注意力就开始转移和分散，有打开电脑的，有出去打水的，有交头接耳的，似乎没人打算好好听他汇报。

5 分钟过去了，10 分钟过去了，Andy 还没有切入正题，没一会儿他的汇报时间就到了。这时下一个汇报人已经准备登场，而 Andy 才刚开始讲到重点，他面露无奈和失望，草草地结束了汇报。

为什么 Andy 的汇报这么不受欢迎？为什么没有人关注他在讲什么？ Andy 的问题到底出在哪里？

其实，Andy 本人能力不算差，为了这份工作，和家人两地生活，一个人在北京打拼，经常加班，挺不容易的，但在沟通和表达能力方面总是不尽如人意。有人曾善意地提醒他，他非但不接受，还说别人不理解他。Andy 和其他部门之间的配合也不太顺利，领导对此很不满意，据说已经在考虑对他的下一步安排。

Andy 的沟通和表达欠佳，主要体现在：

- 不注意倾听，经常打断别人；
- 说话啰唆，逻辑性和条理差。

Andy 这样的人，会为了一点小事就耳提面命，说个没完没了，如同《大话西游》中啰唆得要命的唐僧一样，怎么能不让人几近崩溃呢？

其实，不爱倾听和语言啰唆，二者相伴而生。

说话啰唆，很大一部分原因就是不善于或不注意倾听。他们常常还没听懂问题或没听完整个问题，就急于回答，导致说话云里雾里，绕来绕去，完全没有重点。

卡耐基曾经说过："一个人的成功，知识技能和沟通能力同样重要。"为了扭转"Andy们"在职场上的命运，必须双管齐下，同时解决不倾听和啰唆这两方面的问题。

❷ 如何培养倾听的习惯和能力？

不注意或不善于倾听，不仅对发言者很失礼，而且会错过对方讲述的关键信息。这样在自己的下一步阐述过程中，极易偏离方向，文不对题，使讨论陷入无休止的纠缠和反复，最终不欢而散。

说到倾听，古希腊先哲苏格拉底说过："上天赐人以两耳两目，但只有一口，欲使其多闻多见而少言。"寥寥数语，形象而深刻地说明了"听"的重要性。

好的倾听者善于观察和探索。他不仅能够将对方表达出来的语言按照事实、情绪和认知等几个层面进行分解，还能深层次探究对方心理和情绪上的潜在需求，从而寻找共鸣，给予对方理解和尊重。

美国作家杰瑞·魏斯曼在他的经典著作《人人都是演说家》中，几乎用了两章的篇幅来谈"听众至上"和"这对你（听众）有何好处"。他在书中谈到：别把听众当成敌人。因为你的敌人大概永远都不会给你机会，让你在他们面前侃侃而谈。听众是演讲者的朋友、部下、师长、臣民、同僚、亲人。

所以，把心放在听众那边，尊重他们，并对他们讲述有价值、有意义的事情。

在汇报工作的过程中，既要主动暂停，询问其他人是否对自己讲述的内容有所疑惑，随时获得反馈，在别人向你提问时，也要耐心仔细聆听，不要武断地打断别人。做到这点其实很难，想想生活中能有几个人从不打断你说话。

所以在这方面就要刻意加强练习，不断提醒自己，甚至请朋友在旁提示。通过反复训练，就能渐渐养成注意倾听的好习惯。

伏尔泰曾说："耳朵是通向心灵的路。"不会倾听的人，也得不到他人的尊重和认同。

❸ 如何做到说话不啰唆、有重点？

要想做到说话或演讲不啰唆、有重点、有逻辑、条理清晰，就要在以下几方面下功夫。

（1）明确说话或演讲的目的

这是最基本的常识之一。说话的目的包括介绍、通知、分享、引发讨论、期待结论、给出方案等。只有明确了目的，才能清楚如何提炼重点、搜集素材和组织语言。

比如，工作汇报是 Andy 每个月的例行工作，所以他应提前想好本次汇报的目的，是向大家展示自己的业绩，还是有困难需要讨论解决等。基于不同的目的，准备的材料自然不同。

如果他此次汇报的目的是解决问题，就可以按照如下思路准备报告。

- 该问题发生的原因或背景是什么？
- 该问题对公司或部门造成的目前和潜在影响或风险有哪些？
- 目前的障碍或难点在哪里？
- 解决此问题的备选的建议或方案有哪些？需要哪些部门配合，或需要什么资源？

但如果他还是按照常规汇报内容准备，例如：

- 上个月工作业绩结果。
- 我们做了什么？
- 下个月我们的计划。
- 目前存在的问题。

按照这个顺序，他把最核心的问题放在了最后，不仅无法在第一时间引起听众的重视，也极有可能因为最后没有时间汇报而彻底放弃了汇报重点。

（2）明确受众

网上曾有这样一个例子，说明在演讲或汇报中，明确你的受众有多么重要：

高级行政人员尼尔·拜伦（Neil Baron）说："我听过一场有 3 000 名听众的演讲。发言者是闻名世界的经济学家，他的演说让时间停滞不前，他使用一种属于半导体行业的神秘语言，而听众中没有人来自这个行业，因此都对他的发言漠不关心。过了一小时，人们拿出了杂志。因为屋内光线很暗，他们使用打火机和手电筒来阅读，看上去像是为了纪念那个人的演讲而进行的烛光祈祷。"

道理很简单，你不知道在和谁对话，不知道对方对哪部分感兴趣，对方喜欢的沟通方式是什么，你自然就不知道该如何提前准备。到底是准备高深的还是粗浅的？是准备具体的还是高度概括的？内容如果准备不当，就会发生竹篮打水、无功而返、南辕北辙、事与愿违的尴尬状况。

比如同样是技术部汇报新产品开发进展，向大领导汇报和向市场部同事介绍就会有很大的差异。前者应该注重对策略方向、市场潜力、竞争态势和未来预测等宏观战略性问题的介绍，而后者则更应侧重对产品上市流程、时间节点、促销工具和推广方式等微观内容的介绍。

（3）按照逻辑顺序，并明晰要点 1、2、3

如果说话或演讲的内容不按照基本的逻辑顺序来组织，仅仅是一堆互不相干、相互脱节的散乱的信息内容，前后不照应，首尾不连贯，就不可能具有说服力和感染力。因为听众接收到的也是杂乱无章的零散信息，听完也无法记住，根本达不到演讲者的讲话目的。

因此，演讲者必须根据表情达意的内在逻辑要求来考虑材料的安排、格局的设置以及语言的衔接等。比如，使用 1、2、3 点对所阐述观点或内容进行提炼或小结，这样听众才能够迅速掌握演讲者要讲的重点，在演讲结束后仍能清晰回忆起主要内容。

（4）时间控制

罗辑思维的主讲人罗振宇说，互联网看上去没有边界，但是人的注意力是有边界的，每天只有 24 小时。当机会越来越多、信息越来越多、沟通越来越便利，人类能够分配的注意力就变成了无比稀缺的资源。

当你作为演讲者出现在听众面前，首先要思考的是如何让听众分配给你的这点时间超值，不然听众就会觉得你的演讲没有价值，从而无情地删除或略过你。在有限的时间内，你要对演讲内容做减法，理出清晰的逻辑，表达有深度的思考或建议，才能有效打动听众。

Andy 很明显并没有抓住好机会，他在自己的 15 分钟演讲里传递了价值很低的信息，对于注意力稀缺的听众来说，不能选择关闭双眼，但可以选择关闭双耳做出消极抵抗。令人遗憾的是，对于这点，Andy 浑然不知。

（5）刻意练习

刻意练习是很多知名演讲家都采用的方法，也就是在正式演讲前要多次演练。这种练习不仅可以帮助演讲者控制好时间，同时可以不断熟悉演讲框架和内容，掌握演讲语言和表达方式，从而逐渐形成独具个人特色的演讲风格。

Ted 演讲的十大黄金法则中有两条明确指出了时间控制和刻意练习的重要性：

- 必须在规定的时间内说完；
- 提前跟朋友一起做彩排。

《苹果往事》这本书中提到：乔布斯在每一次产品发布会前，都会提前两周把会场租下来，然后一直深入到演讲会的每一个细节里，详细勘察每一个方面，认真地排练。如果稍微有点出入，工作人员就会被他臭骂。在开始前一天，还要进行三次带妆彩排。

全世界最会演讲的人都这么做，你又有什么理由在什么都不做准备就直接上台汇报的情形下，期待听众如雷般的掌声？

总　结

对无效的沟通表达说"不"

在生活节奏快、注意力稀缺的今天，每个人都要在不同的场合进行工作汇报，比如公司或产品介绍、项目展示以及公开演讲等。

说实话，没有人有义务通过你糟糕的演讲去同情你背后的辛苦和付出。对那些在表达和沟通上所做的无效努力、低效投入和错误方法，我们必须坚决说"不"。

很多时候机会只有一次且稍纵即逝，它只给那些不仅能抓住机会，还能清晰准确表达自己的观点、能细心体会听众的感受、能认真聆听对方话语的人。

2

会做人，会办事，提高个人影响力

也许你会认为，在职场上只要获得升迁，就可以轻松"发号施令"，让其他人因为对权力的畏惧而服从你的命令，听从你的安排。

这种想法不能说完全不对，但很显然并不适用于现在的职场环境。这些年，我发现越来越多的企业和领导在慢慢地强调"影响力"。其实影响力对于普通员工更为重要，他们虽然没有权力上的优势，但通过提升和扩大在组织中的影响力，工作一样可以顺利开展，达到事半功倍的效果。

扩大自己的影响力，就要在面对复杂情形或困境时，聪明、得体地应对各种局面，营造有利于自己生存和发展的环境，进入个人成长的快速通道。

一、不要见领导就躲

在公司中，你会发现见领导就躲是一个普遍现象，不仅发生在职场新人身上，同样发生在老员工身上。

他们看到对面走过来的领导，假装不认识或者掉头就走，甚至希望自己变成空气，让领导看不见。这种逃走多少有点掩耳盗铃，如果领导认识你，看到你"逃走"的瞬间和姿势，对你的印象会大打折扣；如果领导不认识你，你的逃走毫无意义。

究其背后原因，有的是不想跟领导"凑近乎"；有的是心里自卑，担心自己上前打招呼，领导不搭理；有的是工作没做好，怕领导问起来无法应对；有的则是从心里畏惧领导。

不论何种原因，如果想加强在组织中的影响力，想获得更多的曝光和升迁机会，我们就必须克服上述心理，转变思维方式，在办公室、会议室、电梯或者大楼里，见到领导不躲不逃，积极主动打招呼。

当年初入职场，作为普通员工的我，觉得我领导的领导（姑且叫他"大领导"）高高在上，和他们没有共同话题，并认为公司这么多人，就算我和他打招呼，他肯定也记不住我是谁，索性躲开算了。所以每次走路看到大领导时，上述内心戏就开始上演，一想到这里，我就会赶紧绕路走开。

有一次和领导岩一起走路，突然发现副总裁正往我们的方向走来，我下意识地想要拉起岩"逃走"，岩很奇怪，问："怎么了，走得好好的，为什么绕路走？"她嘴上说着，脚步没有停。

说话间副总裁已经走到了我们对面，岩特别自然地打招呼："王总好，今天您气色真不错啊，上次您说的那个项目基本完成了，在做最后调整，回头跟您约时间汇报一下，您看可以吗？"对面的王总露出赞许的目光，说："很不错啊，你找我助理约一下时间，我很期待！"然后双方互道再见，忙各自的去了。

岩的话让我很受启发，她说："大领导虽然看上去高高在上，但他也是人，人与人之间需要互动和交流，哪怕是客套或者寒暄，他也肯定不会反感。如果每个人都躲着领导，他该有多孤单！"

这以后，我慢慢学会不再消极躲闪，并逐渐意识到大领导虽然不是你的直接领导，却会对你的直接领导施加无形的影响，在你未来的升职道路上，他们绝对有发言权、建议权甚至一票否决权。

他们是我们在公司中需要发展的重要人际关系，我们的工作业绩不仅需要同一部门的同事和直接上级的认可，更需要让更多的人尤其是上几级领导知道并且得到他们的欣赏。而这一点并非所有人都明白。

躲避领导其实就是一个心态问题，你要做的是先把心态由消极被动转变为积极主动，只有这样，你才能下意识地倒逼自己将日常工作做得更用心、更出色，这样你在下一次碰到领导想要打招呼时，才能不再心虚，有动力和自信地上前交流，甚至能在合适的时机展示工作成绩。

向上管理最重要的技能之一就是学会影响比你级别高的领导，让他认识、了解、熟悉和认可你。建立影响力，请先从不躲大领导开始吧。

二、学会提前化解冲突

你是不是很熟悉这样的画面：在一个不同部门同事参加的会议上，某些人会对你的提案百般挑剔、吹毛求疵，让你在领导面前尴尬又难堪，完全没有达到你召集该会议的目的。

我本人就有过类似的悲催经历，曾经非常崩溃。本来做了充分的准备，期待我的方案在会上得到大家认可，并想趁机在领导面前露一手，谁知事与愿违，被几番挑剔最后弄得会议不欢而散，根本没有达到预期效果。

后来在不断的教训和摸索中，我才发现要想提前化解冲突，采取"分头歼灭，各个击破"的策略是非常管用的。

具体来说，就是在正式开会前，和要参会的相关部门提前进行非正式沟通，说明你的提案的背景、内容和思路，听听对方的想法和意见。

在对方的眼里，你的提案肯定存在着不足之处，不会 100% 完美，为此他们会提出自己的看法和建议。这时你就可以直接问他们问题到底出在哪里，进而找到双方的利益结合点。

这么做会让你在会议开始前就收集到对提案的不同看法和意见，让你有充足的时间对提案进行必要的调整，就算遇到棘手问题实在无法妥协的，你也完全有机会先向自己的领导汇报，提前扫除障碍。

做好了以上功课，在会议开始后，你面临的就不再是七嘴八舌的百般挑剔。不出意外，一切都会在你的掌控中顺利进行。即使有你之前没想到的突发问题也没关系，留点时间讨论这部分也无伤大雅，毕竟此时大部分问题都已经解决。

有的人觉得这样做会浪费时间，其实磨刀不误砍柴功，越重要的会议越需要提前预热，因为没有人喜欢"意外"和"惊吓"，更没人喜欢在最后一分钟被迫接受某项决定。

提前做好充分沟通，既表现出你认真的态度、对会议的重视，更可以将其他参会人有可能出现的负面抵触情绪提前释放，从而利于正式会议的顺利进行。在这个过程中你的细心认真、运筹帷幄，也会得到大家的认可，而这正是你在此过程中运用和发挥影响力所要达到的最终目的。

三、主动承担跨部门项目

我们有时会陷入一种误区，认为每个人按照岗位的职责描述各司其职、分毫不差，是高效工作的前提。其实不然，实际工作中有时不可避免地存在着界限不清的情形，尤其在参与跨部门合作项目时，很多时候谁应该是项目的领导者或协调人并不完全清晰。

为了培养和锻炼下属 Molly，我曾安排她负责一个多部门合作的项目，她起初不太理解，觉得这是额外的工作，又担心自己的职位低，怕别人不配合，感到为难。

我很理解她的心情，所以一开始协助她制订计划、分配任务和召集会议。Molly 逐渐学会了这些基本技能，开始主动和其他部门同事加强合作和沟通。我后来就放手并授权给她独立完成项目，遇到困难，她会及时找我寻求帮助。就这样经过两年的锻炼，Molly 已经从一个职场新手成功成长为能独当一面的得力干将。

我经常鼓励同事们多参与这样的项目，并主动担当协调人或项目经理的角色，我乐意为他们争取这样的机会。因为我知道只有经过这样的锻炼，个人才会加速成长。

担任跨部门项目协调人的角色的确会比做一个普通的组员辛苦，因为要规划、协调和安排很多事情，并不断跟进和提醒其他部门在规定时间完成工作任务，而大家不在同一个部门，他们也不会主动向你汇报，因为他们手上还有很多其他更重要的工作要处理。

这时对你最大的考验就是高效的沟通和协调能力、项目管理能力和强大的执行力。这些能力是很难从只做好本职工作中系统而全面地学到的，而在跨部门项目中，只要你用心和努力，完全可以掌握这些技能，积累实战经验。

所以一旦遇到参与这种跨部门项目的机会，一定要努力抓住，主动承担协调人的角色，在加深了解业务的同时，结识更多内部人员，扩大自己在组织中的影响力，提高曝光率，这样才有机会得到更多上级领导的关注，为未来的发展奠定基础。

在跨部门合作中，特别需要注意如下要点。

❶ 项目启动时，在项目的目标、职责分工和进度表上达成共识

在项目正式开始前，通过大家的集体讨论，明确该项目的目标和预期成果、项目组成员各自的明确分工和职责所在、任务列表分解以及合理的时间进度表，并根据这些内容完成整体项目计划。

这样做的目的是让大家在执行前就对项目整体有个全面了解并达成

共识，具备担当意识。而这些正是大家对项目进行监督和回顾的基础和前提。

❷ 项目过程中，通过多种沟通方式回顾进度和发现不足

项目启动后，要根据计划把握项目进展，定期召开项目组会议，共同查看各项任务是否按期完成。这种会议可以一周一次或者两周一次。

项目成员就各自负责的部分向大家汇报，包括工作进展、出现的问题或障碍、解决的方法或建议、还需要哪些部门的支持、下一步工作重点、完成的期限等。除定期会议，还可以通过邮件或微信群进行日常沟通，及时反馈。

对于项目组里那些未按时按质完成任务的"拖后腿"的人，要进行适当提醒，或私下沟通问题出在哪里，达到督促其努力工作、追上进度的目的。

项目进展中，如遇到重大困难或阻碍，或者意见冲突非常大、无法在跨部门项目组内部有效解决的，一定要及时向上级反映，获得上级的指示和支持，不要掩盖问题和矛盾，影响项目的下一步进展。

❸ 项目结束时，举行庆祝仪式

当项目如期结束并完成目标后，千万不要忘记举办庆祝仪式。仪式的规格可以根据项目影响力大小而定，举行庆祝仪式的目的是激励组员，感谢各个部门做出的贡献，最好邀请上级领导来共同庆祝。这不仅能起到联络情感、鼓舞组员的作用，更有利于以后在其他项目中获得同事们的积极配合。

跨部门项目的推动对于年轻人在组织中的发展特别有帮助，你既可以从中锻炼自己的项目管理能力、扩大个人影响力、积累更多人际资源，也能获得更多的曝光机会并被领导认同。所以，千万不要等闲视之、敷衍了事，有这样的机会，不要嫌烦喊累，要牢牢抓住并全情投入，把它当成自己升职加薪的必经之路。

四、其他提高影响力的细节

❶ 当别人尴尬或窘迫时，帮忙轻松化解

比如，当同事当众发言说错话时，立刻以幽默或轻松的语言帮忙解围，而不是奚落嘲笑。你帮别人化解了尴尬、挽回了颜面，就能获得对方的感激和信赖。

帮人就是帮己，帮助的人多了，以后在开展工作的时候，你也会得到越来越多的支持和帮助，完成任务自然会越来越顺利。

另外，千万不要声张别人的糗事，权当没看到或没听到，装傻充愣有时也是一种高明的策略。

❷ 站在对方的角度提意见，而非直接批评

当遇到和对方意见不一或者对方考虑问题欠妥、不合理时，也不要直接批评。因为对方总有其理由和出发点，可以试着站在对方的角度，帮助分析其可能忽视和没弄清楚的地方，提出更完善和合理的建议。这么做会让对方更易接受。因为单纯的批评和指责，只能激发对方的反感和抵触。

另外，提出建议时的语气不要显得高高在上、很有优越感，要表现出积极探讨、互相切磋的合作态度。

❸ 公众场合少抱怨和议论是非

对公司某些人事变动、流程和政策有不满甚至反感是很正常的事情，

但如果在公开场合对此肆意批评、抱怨连天，甚至飞短流长，对自己的未来发展非常不利。

这会无形中给你打上"消极"和"落后"的标签，久而久之，你也会被公司领导定型，要是这样，你又怎么会有升职加薪的机会呢？如果真心为公司考虑，不妨和领导委婉表达你的想法并给出积极正向的改进建议，而不是一味抱怨和吐槽。

❹ 被挑战时，善于控制和管理情绪

当你的工作或想法被其他同事质疑或挑战时，你心里肯定不舒服，不是滋味，你的负面和反感情绪也会瞬间产生。

在这种情况下，很多人的防御机制立刻启动，马上就把不满写在脸上，开始辩驳，极力证明对方是在无理取闹、对自己鸡蛋里挑骨头。对方当然也不会立刻承认自己有问题，因而和你展开对战模式，这样一来二去，最后变成争吵甚至彼此攻击，而大家却早已忘了到底为什么会发生争执和冲突。

会情绪管理的人，在面对别人的质疑时，心里可能也会不高兴，但不会立刻进行反驳，而是先调整好情绪，用心平气和的态度向对方询问、确认和解释，丝毫没抱有任何敌意。如果自己真的有错，就勇于承认，表示感谢并承诺日后进一步纠正和改善；如果是对方没有理解或误会，先耐心解释，即使解释不通，也礼貌回应，约定另找时间专门做进一步的详细讨论。

❺ 积累人际资源，学会利用影响力

初入职场，很多人总以为只要自己肯干，工作自然就会做好，却慢慢发现，根本不是这么回事。很多工作并非一个人就可以完成，而需要寻求其他部门的帮助和支持，因此跨部门合作越来越成为工作常态。如果没意识到这一点，就会感觉工作难度大大增加。

跨部门工作的本质仍然是跟人打交道，因此要和同事保持良好的关系，增加非正式交流机会，比如中午一起吃饭，晚上团建聚餐，平时带点零食分享给同事，都不失为联络彼此感情的好方法。

另外，凡事多为对方考虑，也会给人留下热情、易沟通、好合作的印象，这样等你需要他人帮助的时候，一定会得到对方的鼎力相助。

❻ 善于洞察他人的情绪变化

要懂得察言观色，判断情势，灵活应对，做事说话千万不要不过脑子。比如，当领导心情不好或正在气头上的时候，要学会审时度势，不要火上浇油或哪壶不开提哪壶；同事刚被批评，情绪处于低谷，此时不要急着让他做事或请他帮忙，否则不仅容易遭到拒绝，还让人觉得你没眼力见儿。

还有，过分耿直、专门"泼冷水"、直指对方缺点或不足，这些做法也会令大家扫兴进而不喜欢你。

❼ 替领导想到前头，考虑周到

学会站在领导的角度考虑问题，做事勤快主动，不要被动等待，凡事想得周全稳妥，是最容易赢得领导好感的做法。

比如作为助理，在领导开会前打印好会议资料和日程表，在出差前将领导所有行程安排，如时间、地点、主题、会面人等详细信息都规划好，电子版和打印版都准备妥当；有客户到访，不要等着领导吩咐，主动整理资料、准备样品、端茶倒水、预订餐厅、安排车辆，一点都不用领导操心。

❽ 经常给别人积极评价

经常给予他人积极评价并自带正能量的人，一定会受到大家的欢迎和喜爱。而骄横自大的人常常没有什么朋友。就算别人有问题或小毛病，也不要挑剔和鄙视，谁又能做到 100% 正确或完美呢？

接纳别人的不完美，看到别人的长处和闪光点，经常鼓励和心怀感激，会为你赢得更多掌声和好人缘。

总　结

成功领导的关键是影响力，而非权力

畅销书《一分钟经理》的作者肯尼斯·布兰查的名言是："如今，成功领导的关键是影响力，而非权力。(The key to successful leadership today is influence，not authority.)"

影响力是一只看不见的手，它有如春风化雨般的力量，于无形中考验着一个人的胆识、自信、智慧和能力。

一个人真正的成功绝非来自行使所在职位上的权力，而是能灵活而聪明地运用影响力，在不知不觉中推动项目和工作的顺利高效开展，并收获来自他人的尊重和认可。

如果你能从不躲避领导、高效地开会、主动承担跨部门项目开始做出改变，你就已经走在提高自己的为人处事能力及影响力的道路上了。

3

/

升迁策略有门道

当别人获得升职或被提拔时，很多人一方面羡慕别人高升，变成领导；另一方面又有点嫉妒和不平，想不明白自己好像也不差，可为什么升职的是别人，心里的困惑挥之不去：

（1）我是硕士毕业，新提拔的领导是之前合作过的同事，学历只是本科，我心里很不平衡，怎么办？

（2）周围同事都说我不错，可为什么领导总不给我升职？

（3）领导说升职说了好几次，但总是没下文，这是什么意思？

其实这些想法仅仅是站在自己的角度看待问题，片面又缺乏客观性。比如问题（1）忽略了学历并不等于一个人的能力；问题（2）忽略了想要获得提拔，必须得到领导的赏识，这才是重中之重；问题（3）则忽略了领导迟迟不给升职，一定不是忘了这事，关键是你自己还不够格。

这三类问题的本质是你并没有达到领导的预期，在领导心中成为一个待提拔的完美人选。

在升职的道路上，不能只关注自己做了什么，还要从领导的角度思考什么样的人才是他们心目中要提拔的对象，什么样的人才能得到他们的认同。只有明白这些，你才能做到有的放矢，在这些方面有针对性地提高能力和积累经验。下面，我将会告诉你最受领导赏识的员工的 6 大基本素质。

一、做问题解决者而不是"伸手党"

不少人一遇到问题就发愁，习惯性地将问题丢给领导或同事，成为典型的"伸手党"。

与之相反，有一些人在遇到挑战时会兴奋不已，因为通过自己的努力克服困难、解决难题会让他们获得极大的成就感和满足感。遇到难题时，他们不慌不忙，沉下心来认真对待，好好分析难点和突破口在哪里，而非将问题直接扔给他人或者拖延推诿。

这种人解决问题的思路一般是：

- 把工作按照轻重缓急进行排序，从重要性和紧急性两个维度进行权衡取舍，让工作有条不紊地开展；
- 不受固有的思维所限，换一种方式甚至只是换一种做事的顺序，困难就会迎刃而解；
- 当一个问题反复出现时，就要追踪到问题的根源，找出真正的原因，而不是只流于表面，头疼医头脚疼医脚；
- 随时总结复盘，避免再犯同样的错误，并总结成功经验和方法；
- 不单打独斗，善于协调和整合资源，为解决问题充分动用各方力量直至达成目标；
- 定期向领导请示汇报，获得领导的许可和支持。

一个积极而优秀的问题解决者，永远不会带给领导没有结果的问题，他们一定会给出具体可执行的解决方案。他们的出现，通常意味着带来好消息和好结果。

如果你总能帮助领导解决难题，并自信而积极地展现自己解决问题的能力，给人留下"任何工作交到他手中，都很靠谱又放心"的印象，那你离升职就不远了。

二、尝试做一些小的管理项目

在还没有升职前，你可以抓住一些"非正式"的机会来锻炼自己的领导才能。

比如，向领导表明愿意承担更多的责任或工作的意向，以协助他完成部分管理工作，例如：

- 给新员工进行入职培训；
- 带领和管理部门实习生；
- 主持和牵头召开一些会议；
- 在一些跨部门项目中起牵头作用。

我就有过这方面的亲身经历。刚入职场前几年，我总觉得自己的工作量不饱和，就主动跟领导说希望承担更有挑战性的工作。当时的领导非常开明，交给我一个任务，让我好好思考如何才能提高部门的工作效率。

我接到任务后既惶恐又兴奋，倒逼自己迅速熟悉部门业务，通过跟同事聊天交流来收集信息、分析数据，寻找目前状况、存在的问题，以及可提升效率的空间等。几个星期忙下来，我交给领导厚厚的一份报告。

看完报告后领导虽然提了不少意见，但不可否认的是，他对一个新人能够将任务完成到这种程度，是相当满意和认可的。

除了向直接领导争取机会，你还可以在公司层面寻找合适的机会，比如：

- 参与公司活动的组织和策划，成为志愿者和组织者（如公司聚会、晚宴、年会等）；

- 申请成为公司工会成员；
- 申请成为公司业余俱乐部或协会的主席。

通过以上这些小的管理活动，你能获得更多在领导面前展示领导能力的机会，逐渐加深在他们心目中的印象和好感度，增加未来委派你承担更重要和更具挑战性的工作的可能性。

此时的你，顺理成章该被提拔了。

三、了解整个公司，而不仅是自己的职位

扣心自问，你自己是不是那种"各人自扫门前雪，莫管他人瓦上霜"的人，眼睛只盯着自己岗位上的那点事，完全不关心其他部门甚至公司发生了什么？如果你的回答是"是"，那你离升迁还很远，因为对于有心升迁的人来说，这是万万不可取的。

没有充分了解各部门的职责分工以及公司的方向、政策和流程，就无法充分协调和利用公司资源做出合理的决策，更好地帮助自己和部门达成目标，何谈成为一名合格的管理者？更别妄想进一步升职了。

想要获得升职，不能局限于自己的本职工作，还必须熟知如下内容。

- 公司基本情况：

比如公司的愿景、目标和战略；主营业务单元及销售业绩；最近的财务年报，竞争对手概况，公司的优势和劣势、机会和威胁等。

- 公司主要部门情况：

包括各部门业务和职责范围、组织架构、负责人员、重大项目及进展。

你可以从如下途径获取这些信息。

- 新员工入职时的培训资料；
- 公司内网、公共盘、文档库；
- 参与会议时，发言人的文件；

- 领导分享传达的文件。

掌握这些信息能帮助你站在全局的角度进行通盘统筹，协助部门领导考虑如何使公司利益最大化，而非局限在小团体利益的狭隘视角上。

当领导发现你和其他同事不一样，尤其在视野和格局上更胜一筹，并能站在他的角度思考和规划，一定会很开心有你这样的得力帮手。

四、提高专业和职业素质

做事不规范、缺乏基本的职业素质，尤其是如果你有如下不良工作习惯，请务必尽快摈弃和克服，因为一个合格的职业经理人是绝不会这么做的。

- 完成工作超过截止期限（deadline）；
- 忘记及时回复邮件；
- 八卦公司其他同事；
- 牢骚满腹，怨气冲天。

对公司出现的那些看上去不公平或者不合理的现象，要学会用积极和正向的态度详细了解其背后的真实原因，然后用适当的方式提出合理化建议，让自己成为每个人都愿意接近的、充满正能量的人。

每天元气满满，与人为善，不传播小道消息，你自然会获得同事的信赖，赢得大家的尊重和欣赏，当然包括领导的青睐。

五、谦虚好学，尤其要向优秀的人学习

向优秀的人学习，是非常快捷地走向成功的方法。这些优秀的人，不见得是虚无缥缈的素未谋面的专家，而很可能就是你周围的那些同事，比如：

- 迅速获得升职的人；

- 在某一方面能力很强的人。

从第一类人身上，我们要学习的是他们为何能获得快速升迁，有哪些值得学习和借鉴的地方。话说回来，如果你直接去问对方，难免显得有点唐突，你也不一定能得到最真实的答案，最好的方式就是仔细观察——观察他的为人处事方式。

在观察之前，你要先了解一下这个人的具体背景和职业发展路径，比如他做了哪些事、做了什么样的选择，才能获得如此快速的发展。如果有机会和这样的人共事，比如参加同一次会议或者参与同一个项目，这简直是近距离观察他们的最好时机。

观察的重点可以从这几方面入手：

- 当发生意见不一甚至争论时，他通常如何应对？如何管理自己的情绪？如何解决问题？如何和意见不一的同事沟通？

- 他如何牵头和管理一个项目？他使用哪些工具进行管理？他如何管理项目进展、分配任务？

- 他如何汇报项目和汇报工作？领导对他满意的地方有哪些？

向第二类人也就是某一方面能力很强的同事学习，比如有些人PPT做得特别好，经常得到领导表扬；有些人演讲能力特别强，每次发言都震惊四座；有些人逻辑性和总结概括能力很强。这些人也许暂时还没被立刻提拔，但经常由于过人的表现而引起领导关注，那就是我们要学习的榜样。

向优秀的人学习，并不是放弃自己的个性和长处，而是将对方当成自己的镜子，反射自己的不足，找到自己的盲区。他人在这方面做得出色、表现突出，这不就是我们要努力的方向吗？我们有什么道理不"拿来就用"呢？

不能保持开放的心态，封闭保守或者刚愎自用，最后只会让自己裹足不前、原地打转，永远无法突破自我束缚的枷锁，更不能实现跨越和成长。

六、学会总结复盘，不断自省

当你抱怨没有被认可、提拔和重用时，你是否曾仔细想过，今天和昨天比，这个月和上个月比，你的工作结果是否有更好的表现？效率是否有更大的提高？你自己是否一直在进步，还是一成不变？

一个人做事情，既可以选择不断重复自己，拒绝创新，原地踏步；也可以选择不断给自己提新要求、新目标，然后全心投入并用心达成。

那些快速升职的人一定会毫不犹豫地选择后者，他们懂得及时复盘总结，找出不足，持续改善，不断打破昨天的成绩，让个人的能力越来越强。

那么该如何进行复盘总结呢？柳传志是这样说的："一件事情做完后无论成功与否，坐下来把当时预先的想法、中间出现的问题、为什么没达成目标等因素整理一遍，在下次做同样的事时，自然就能吸取上次的经验教训。这就是复盘。"

举个简单的例子，以帮助我们更好地理解什么是复盘总结。比如你刚组织完一次新产品发布活动，活动结束，就要进行如下复盘。

❶ 回顾目标并对照结果

列举此次活动的目标，如邀请客户人数、媒体发布宣传稿件篇数、网站点击率、现场下单金额等。然后比照实际发生的结果和当初设立这些目标之间存在的差距。

❷ 分析原因

不管实际结果低于目标还是高于目标，都要分析一下具体原因是什么。比如，如果实际结果低于目标，要看看有哪些地方没有做好或出现了疏漏，应该采取哪些解决办法，下次如何避免，是否有其他方面能做得更好等。

❸ 制订计划

根据上述对比和原因分析，下次再做新产品发布会时，可以制订更加全面和完善的计划，以实现更高的目标，达到更好的效果。

那些能快速升职的人从不满足于机械重复地做事情、干工作。他们勤于思考，善于总结，通过一次次的复盘找到不足和差距。

他们追求的目标，是让每一次工作都要比上一次做得更好，没有止境。而这正是任何一个领导都希望看到的，这样的人毫无疑问会被列入被提拔候选人名单。

总　结

你做好升职的准备了吗？

当然，一个人是否能够顺利升职还需要点运气，但是如上 6 个基本素质是硬功夫和真本事，是将你区别为一个普通员工还是明星员工的重要标准。

你要让领导看到并感受到你无时不在展示着领导般的潜质，比如责任心、格局观、行动力和担当精神等，并用实力向他们证明，如果把你放到领导岗位，一定会为公司创造更大的价值。

快速获得升职的人真的不见得智商比你高、学历比你牛、背景比你硬，但是他们的共同点是会聪明地学习。从优秀的人身上学习他们某一领域的强项，比如如何规划发展路径、如何待人处世；学习他们通过复盘总结及时发现差距和不足，持续提高和改进。这些才真正拉开了优秀的人和平庸的人之间的距离。

升职的路也许不是一朝一夕，但当你做好了这些准备，机会一旦来临，你一定就是那个最合适的人选，不是吗？

4

加强向上管理，提高存在感和曝光率

加入公司几年后，当你自以为站稳了脚跟、一切都该顺风顺水时，却渐渐开始出现这样的困惑：在同一家企业，同样是大学毕业，同样每天朝九晚五、兢兢业业，为什么有的人得到领导的青睐，一直处于职业的上升通道，自己却不受关注，一直在基层岗位徘徊不前呢？

通过观察企业中那些不断被提拔的人，包括我自己的亲身经历，我发现学会向上管理、懂得跟领导高效沟通、提高自己的曝光率才是让你脱颖而出、备受青睐的秘密武器。

那些见领导就躲、开会挑后排座、完成工作只是为了应付、背后说领导坏话、听不懂领导弦外之音的人，完全没有资格抱怨不被领导器重和提拔，因为他们根本不懂这背后的逻辑。

"向上管理"（managing up）这个概念，由著名管理学家杰克·韦尔奇的助手罗塞娜·博得斯基提出，她将自己 14 年的助理生涯经历整理成册并出版发行。在她看来，管理需要资源，资源的分配权力在你的领导手上，因此，当你需要获得工作上的自由资源时，就需要对领导进行管理——实际上是与领导进行最完美的沟通。

向上管理，并不是说真的要你去"管"领导，对其加以命令和控制，而是通过高效沟通，说服和影响领导，请他给你提供支持、帮助、便利和资源，为你创造条件，从而使你高质量、高效率地完成工作，为公司创造最大化价值。

为了实现与领导的高效沟通，我们要学会跟领导和谐相处，形成默契，信任彼此，并通过提高自己的曝光率，加深自己在领导心中的印象，为未来进一步"管理"好领导做好准备。那么，在实际工作中我们该如何"管理"领导呢？

一、向上管理，你不可不知的三件事

❶ 多操点心，领导不会面面俱到

每天接受领导布置的工作和安排时，你是否能准确领会领导的意图，明白他们的真实意思？

同事 Cindy 这几天有点难过，因为领导批评了她，她感觉非常委屈。原来，领导交代她安排车辆接送客户，结果司机送错地点，导致客户参加活动迟到，于是领导批评 Cindy 办事不力。

Cindy 的委屈之处在于她说自己跟司机交代得很清楚，目的地是北京师范大学，但司机不知怎么糊里糊涂地把客户送到了首都师范大学。司机的错误却由 Cindy 承担，她当然很不甘心。

我问 Cindy 有没有把"北京师范大学"的详细地址提前发给司机，Cindy 急了，说："怎么我的领导也这么问我？因为司机一再跟我说，他知道地址，他是老北京人，哪儿不认识啊，所以我就没给他地址……领导就是批评我这一点！"我听后在心里叹了口气。

恰好前些天总部的国外同事来交流，因为涉及公司开会、拜访客户、参观景点等多项活动，我请部门的潇潇负责协调和安排用车。第二天潇潇就交给我一份非常详细的用车计划，列出了每一天行程的用车接送时间和详细地址，还有司机的名字、手机号和车牌号，最后留下自己的电话号码作为备用，而且整个计划是中英文双语，方便司机和国外同事同时使用。

如此细致入微的计划，怎么可能发生像 Cindy 那样司机送错地址的情况呢？

所以，当你接受领导安排的一项工作时，你必须搞清楚领导的真正需求是什么。要了解领导的期望和要求，可以从如下几个方面入手。

- 了解领导本人的管理风格和特点；
- 了解领导处理问题的方式和偏好；
- 总结领导曾经批评或不满的事项，尽量避免；
- 接受任务时，和领导确认他的要求；
- 更高级的做法是问问领导，对于这个任务，做到 60 分他希望的结果是什么，做到 80 分、100 分的话他的期望分别是什么。

有一句俗语说"干活不随东，累死也无功"，在工作中一定要花时间去领会领导的意图，并按照领导的安排和部署去做，否则就应验了这句俗语，即使做得再多、再好也没用，反而是费力不讨好，换不来领导的满意和认可。

❷ 像领导一样思考

有人会说，我又没坐在领导的位置，怎么会知道他在想什么。没学会揣摩领导的心理、没站在领导的角度考虑问题，那你恐怕只能一直徘徊在基层岗位了。有这样一句话非常在理："如果你想成为一个经理，那就从像经理那样思考开始。"

我平时和大领导打交道的机会非常多，上到高级副总裁和集团董事会，这对锻炼我思考的高度和从领导视角考虑问题非常有帮助。

公司曾经有个特别强硬的领导，是个外国人，每当下属向他做报告时，他最常问的问题就是："What's your point？"（你的观点是什么？）他一旦这么问，就表示他对下属的汇报很不满意、很不耐烦了。

领导们最受不了那些展示了无数事例、数据、文字和图片，却不知道要表达什么观点的人——那只是在浪费他们宝贵的时间而已。领导们常见的思考角度有：

- 这项工作最终的目标是什么？能够带给部门或公司多大的益处？
- 这个项目多长时间完成？预算和费用是多少？具体行动计划是什么？
- 如何花费最少的投入获得最大的产出？
- 面临的潜在风险或障碍有哪些？如何克服？有哪些解决方案？
- 你的报告的核心观点是什么？有什么数据或事实支撑这个观点？
- 你需要公司提供哪些资源和支持？
- 对于你呈现的目前面临的问题和困难，你的想法和解决方案是什么？

不要沉浸在自己的世界里，要花点时间认真学习与琢磨领导们思考的角度和关心的问题，时间长了在无形中你也会不自觉地站在一定的高度进行思考。这样一来，领导就会觉得你和他们说同样的语言，你的工作成果自然也就是领导想要的，无疑会得到他们的认可。

❸ 跟领导保持良好的日常沟通

不少人不知道该如何和领导打交道，甚至有的人认为只要完成工作就行了，没必要想那么多。其实这里忽略了很重要的一点，那就是领导也有人之常情，面对一个主动寻求交流的人，他一般也不会拒绝。如果做到以恰当的方式和适当的频率与领导交流，真的会为你加分。

就拿我自己来说，比较愿意主动找领导汇报工作，既可以是用 PPT 报告的方式进行汇报，也可以仅仅就最新进展进行口头交流。我曾经因为一个项目要和领导确认，而当时他正要出差，根本没时间和我谈，我最后干脆和领导一起乘车赶往机场，在路上完成了项目的汇报。

那么，该如何抓住汇报时机？其实非常灵活，比如：

- 提前预约，当面正式汇报；
- 一起吃午餐时交流；
- 看领导不太忙或会议结束时，过去跟领导聊几句。

实际上，即使你不主动找领导汇报工作，他也一定会找你了解情况，但如果真的等到领导找你的时候，你就显得太被动了。下属是否积极主动，是领导在考虑员工升职时很看重的一点。

除正式汇报外，还要善于进行非正式交流，这不仅是为了在领导面前提高存在感，更是建立彼此了解和信任的前提。所以，下次见到领导，不妨和他聊聊爱好、行业最新动态和一些社会的热点等。

二、3 招教你提高曝光率，不做隐形人

了解了领导的想法，下面我们来进行"向上管理"的进阶学习——曝光自己。

公司中其实有很多机会可以让你曝光和展示个人能力，就看你能不能抓得住。那么，该如何抓住这些机会呢？不同的人的答案可能大相径庭，比如：

A："那就要努力争取，主动展示自己，让别人看得到自己的能力和成绩！"

B："人家运气好，或者遇见贵人提携！"

C："只要肯努力，工作做得好，自然会被领导和他人看到，机会自然送上门，没必要死乞白赖地争取，做人不能太功利！"

先来看看持有 B 想法的人，他们显然将责任归咎于命运或外在因素，

给自己找了一个无须努力的完美借口而已。那么 A 和 C 呢？

有一个有趣的现象，初入职场的人，有 C 想法的比较普遍，这主要缘于学生思维：在学校，如果你成绩好，自然会被老师和同学看到。然而随着职场上不断遭遇挫折，以及阅历日渐丰富，见的人和事越来越多，人们会更倾向于 A 想法。虽然他们慢慢意识到了这点，但行动上仍然被动和保守。究其原因，或是性格使然，或是理性上虽然认可，却由于被动的惯性思维作祟，自己总也无法获得突破。

有一个不争的事实是，不论在国企、私企还是外企，不论是企业运营、职场打工还是自主创业，"酒香不怕巷子深"的想法早已落伍，不合时宜。指望通过自己默默无闻地工作获得领导、同事和客户的认可，显然越来越难。

想让领导认可和提拔你，就要让他了解你，比如你是谁，你在哪个部门，你做过什么，你是否有潜力，你比别人强（好）在哪里，为什么要提拔你。如果你在领导面前没有曝光度、没有存在感，他们根本无法对你进行深入了解，更何谈对你信任和赏识呢？

领导每天工作繁忙，根本没有时间去认真了解每一个员工，尤其当你处在一个人数较多的组织中，被领导主动了解的可能性就更小了。所以在加薪升职时，想让领导立马想到并认可你，基本没什么可能，说不定他连你是谁都还不知道。

因此，抓住每一次在上级面前曝光的机会，充分展示自己，让自己"被看见""有存在感"，进而"被欣赏"，就显得尤为宝贵和重要。

虽然领导尤其是大领导工作非常繁忙，但你总有机会和他们在某些场合碰头，这是非常难得的让对方深深记住你的机会，绝不能松懈，让机会白白溜走。如果领导不仅记住了你，并且对你的某个观点或工作成果非常欣赏，那这种印象就会伴随他很长一段时间，和那些在领导心中印象模糊的人相比，你未来的机会一定会更多。

比如在以下 3 种场合，我们就要好好学习如何提高曝光率，增强存在感。

❶ 注重班后聚餐：饭不是白吃的

大领导会不定期和各部门同事聚餐，以加强与部门间的沟通。如果你平时基本没有机会和大领导打交道，那就记得在饭桌上不能让自己成为隐形人，而要给领导留下深刻的印象。具体做法如下。

（1）提前准备一些话题和素材

比如，提前搜集最近的热点、新闻以及业内动态等素材，在谈及相关话题时，你不仅能旁征博引，如果还能加上自己独到的观点，就会令他人刮目相看。另外，分享行业内最新技术趋势、竞争对手动向、相关行业政策和未来的潜在机会等，也一定是大领导非常感兴趣的。为了调节氛围，还可以准备一些高雅的笑话。

（2）不要被动等待

你的话题，既可以是对上一个人同一话题的扩展和补充，也可以在接近冷场的时候主动引发。但不要等着别人点名，否则就非常被动和尴尬了，即使你准备的素材相当有趣，也会给人一种上不了台面、唯唯诺诺的印象。在分享这些信息的时候，注意不能过于严肃或平铺直叙，要有点画面感、声情并茂。

（3）提炼自己工作的亮点

当然，有的领导完全是工作导向型，用餐时还会询问大家最近的工作进展。如果你临场发挥能力不强，就很容易发生语无伦次、逻辑混乱的情况，毫无亮点可言。吃完饭，领导根本记不住你说了什么，又何谈印象深刻呢？因此需要提前准备好说辞，做到心中有数。

和大领导吃饭可不是简简单单的一顿饭，如果你只顾着埋头苦吃，对大家聊的话题参与感很低，表达能力又很差，更不懂察觉领导的喜好，那么吃完这顿饭，你仅仅是填饱肚子而已。

❷ 完美汇报工作，打动领导的好时机

如果有机会跟领导参加一个会议，并且有你汇报工作或项目进展的部分，这简直是你展示自我的绝佳时机，不管是 5 分钟还是 20 分钟，对你来说都同等重要。你务必要提前精心准备汇报材料，并且进行多次排练，这样才能在真正上场的时候不慌不忙，自信满满。而提前彩排这点经常被人们忽略，他们误以为只要将报告写好，到时直接上去讲就行了。

心态随意，没有目的性，以应付的心态对待工作汇报，其结果可想而知；在领导眼中，表现一般的你就是再普通不过的一名员工而已，甚至有时因为你表现差劲，不仅不可能给领导留下好印象，反而留下负面印象，那你就相当危险了。

反之，一份内容上逻辑清晰、重点突出、言简意赅、有数据支撑、可视化程度高、模板简洁大方的报告，对领导来说是非常有吸引力的，它会帮大家减少阅读和观看的压力，很快进入状态。如果你还能表现得自信大方、语言精练、观点清晰，领导想不记住你都很难。

拿不出"台上 10 分钟，台下 10 年功"的认真劲儿，就别想着能一鸣惊人、打动观众，尤其是掌握你职位升降权的领导。

❸ 积极参加公司活动，提高存在感和曝光率

任何一家公司都一定有溜边沉底、被动观察的人，他们在开会的时候总是挑后排或者桌子边坐，远离领导，一副事不关己的样子，也从来不会主动发言，基本是看客的角色，除非被点名。

最终你会发现，那些默默无闻、没有存在感、被动消极的人，很少会得到提拔，而那些主动和领导交流、积极发言、参与度高的人，会持

续获得曝光，未来的机会也会接踵而至。

所以，平时要有意识地培养自己积极主动的意识，如开会坐前排，主动发言，遇到领导不闪躲，主动打招呼介绍自己，让自己别再变得可有可无，主动发出自己的声音、表达自己的观点，你才会给人留下自信大方、主动上进的良好印象。

总　结

积极主动，越努力越精彩

我在刚入职场时，也曾单纯地认为只要自己有才华、有能力，就一定会得到重用、获得提拔。结果事与愿违，在遭遇职场不顺后，我才转变思路，改变自我，学会主动跟领导建立连接，深化彼此的了解和信任，珍惜每一次展示个人能力的机会，让自己在组织中不断被看见、认可和欣赏，并收获了一次次的升迁机会。

不只是我自己，我身边优秀的人，很多人都是不仅肚子里有"料"，还懂得用恰当而得体的方式将自己的"料"在领导和同事面前展示出来，获得欣赏和认可；而那些平庸和原地踏步的人，则大多消极被动，曝光率低，存在感极弱，升职加薪基本上没他们什么事。

别再抱怨自己生不逢时、命运不公或是领导偏心，不领会领导意图、没有领导思维、拒领导于千里之外的人，又怎么可能被领导重视，更别说升职了。

任何时候，人们都有选择自己态度的自由。选择积极主动，你就会越努力越精彩；选择被动接受，你就会越抱怨越迷茫。学会向上管理，懂得如何与领导高效相处和曝光自己，才能为真正的飞跃做好准备。

5

不该被忽略的个人成长提升策略

当你每天面临工作上的压力，疲于应付各种挑战时，是不是感觉根本没有时间和动力再去运动或学习，即使开始了，却又时常感到心有余而力不足，总是半途而废，最终放弃？

其实，你不得不承认，追求快乐和安逸，拒绝劳累和奔波是人的本性，所以在工作之余，做一些"劳其筋骨"的事情（比如坚持运动或者学习），当然不如做一些休闲娱乐的事情（比如玩游戏和刷剧）来得轻松自在，人又何必自讨苦吃呢？

这样看来，你所谓的"没时间"，不过是忙着享乐，这恰恰是没有时间进行自我提升的最根本原因。

相反，当你为没时间学习找各种各样的理由时，却总有比你还忙的人在坚持学习和自我成长，他们在职场上的竞争力越来越强，机会也会越来越多，假以时日，你和他们之间的差距就会不断扩大，甚至会变成天壤之别。

那么，我们到底该如何坚持学习并提升自我，避免认知上的错误呢？

一、自我提升：再忙，也要坚持学习

为什么再忙也要坚持学习并提升自我呢？

❶ 知识与经验需要更新和迭代

我们在大学学到了知识，在工作中积累了经验，但这些知识和经验随着时代的发展需要及时更新和补充，否则很可能过时或被替代，所以你必须保持对外界事物的新鲜感、敏感度和求知欲，让自己处于开放和吸收的进行时，每天都问自己一句："今天我成长了吗？"

谈到学习和成长，有人会认为那不就是看书吗。其实非也。看书并不算真正的学习，真正的学习不仅要消化理解书中的知识，更要在工作和生活中进行实践，持续高质量地输出，这样才能让自己不断得到改善和提高。从书本到实践再到书本，这是一个学习的闭环。

我的老领导 Tim 就是这方面的身体力行者，他致力于个人成长领域的研究，在工作之余读了上百本这方面的书，参与相关读书和研习社，分享自己的心得和经验，在小圈子里渐渐成了这方面的专家。他还将之用于实际工作中管理和激励团队，帮助员工快速成长。

Tim 的经历告诉我们，只有发自内心真正的驱动，这种坚持才能内化为一种具有强大力量的习惯甚至事业。他的工作虽然忙碌，但仍然没有忽视和放弃对学习的追求、对自身成长的要求，不管是看得见的技能还是看不见的知识，他都坚持学习并乐在其中，以自信充实的心态活出不一样的自己。

❷ "没时间"学习，其实是一种借口

拿学英语这件事来说吧，我身边很多人信誓旦旦地表示要提高英文水平，买了很多书，下载了若干 App，但我发现能坚持一段时间并获得

实质提升的人少之又少。更多的人将书束之高阁，App 的打开率越来越低。他们有着同样的理由：太忙了，没有时间学。

这样的人生，在短期内看不出任何问题，但是最可怕的是三五年后，当别人在追求自我成长和价值实现的道路上越走越远时，他们却原地踏步甚至落后退化，在职场上渐渐丧失竞争力。而一旦发生裁员，他们将毫无悬念地被第一批无情抛弃。

众所周知，Facebook CEO 扎克伯格最值得我们学习的一点就是他持续不断的学习能力。这可以从他自己的年度挑战中略见一斑。比如2010 年，学习中文；2012 年，每天都亲手写代码；2015 年，每两周读一本书；2016 年，在坚持跑步的同时做出一个家庭使用的人工智能助手。

从中不难看出，扎克伯格每次都是不断地走出舒适区，不断学习。比如他说自己在中国的最初 4 年，每天早上花费两个小时学习中文，这才有了 2015 年他访问清华大学时全程进行中文演讲的惊人表现。

扎克伯格当然是全世界最忙的人之一，也最有理由因为忙而不去学中文、看书或跑步。但是他不断给自己制定有挑战性的任务，坚持学习。他说：“你多学习会在生活里创新，也会在工作上创新。每走一步，都可以做新的东西。以前那些觉得是不可能战胜的挑战，只要你努力，也能解决，要一直向前看。”

❸ 成长和学习的重要方法：向成功的人学习

快速成长和坚持学习，我们更要选对方向、用对方法，向成功的人士学习。

成功的人在走上财富自由之路之前，总是要想尽办法结识成功的人物，寻找成功的方法。成功的经验和正确的方法，能为你节省时间、精力和金钱，提高效率，创造机会。如果一开始就没有正确的方法，要取得成功几乎是不可能的。

成功一定是有章法可循、有方法可学的。成功的人在哪里，我们就应该去哪里追寻他的踪迹，即使是通过付费形式获得这些心得体会和经验，也是非常值得的，而且我认为付费的经验和知识才更有可能是真正的干货，才是大咖们真正的杀手锏。

在美国的企业中流传着这样一句话："上帝不会奖励努力工作的人，只会奖励找对方法工作的人。"虽然是针对美国企业，但对我们也同样适用。

过往的经验和经历成就了我们，但无形中也会让我们在新事物、新环境面前固步自封，刚愎自用。不能学会适应环境变化、学习新方法和新技能，最后只能作茧自缚，滑向失败的深渊。

❹ 保持空杯心态，才能获得真正的成长

很多名人都非常谦虚，时刻保持空杯心态。扎克伯格在早期发展阶段，为了提高自己作为首席执行官的能力，培养了一个顾问团队，其成员包括美国最好的一些企业家、投资者和他招募的公司高管。从这些人身上，他学到了很多关于领导力方面的知识。渐渐地，他不断成熟，变成了一位卓越的领导者。

没人能拥有所有的答案，身边围绕的专业人才越多，向他们多学习请教，你就越有可能得到一些好的答案。所以，不管是普通员工还是管理者，在职场上任何时候都需要保持空杯心态，多以他人为师，多学习他人的成功经验和模式并为己所用。

世界顶级运动员都需要教练进行指导，请教练帮自己纠正训练中错误的动作、总结输掉比赛的原因；教练也会凭借自己丰富的战术经验为每一场比赛、每一个对手制定战略。

拿男子网球单打世界第一的德约科维奇（小德）的教练贝克尔来说，他对小德的作用是毋庸置疑的。自从贝克尔加入后，小德赢得了 24 个

冠军头衔，贝克尔将小德带到了更高的高度。

连世界第一的运动员都需要教练从旁不断指导才能持续获得成功，更何况我们呢？

二、学习和成长道路上的大坑：对"坚持"的认知误区

当勤奋、自律、成长这些词变成时髦用语时，你不得不承认这些看似简单的词语背后都离不开"坚持"二字。

有些人为了"坚持"，从此杜绝各类社交活动，等到有一天抬起头来看前方的路，才发现自己不是离成功越来越近，而是渐行渐远。于是你又困惑了：摒弃了"3分钟热度"，怎么还是无法成功？

真正的原因，是你混淆了坚持和"伪坚持"。

"伪坚持"看似在持续做一件事情，但是因为没有设定可量化的目标，缺乏及时的反馈，加之使用了不恰当的方法和工具，从而使所有的付出犹如拳头打在棉花上——有劲无处使。

那么该如何避开"伪坚持"的大坑呢？如下3点供你参考。

❶ 没有明确可量化的目标

有时做一件事情，认为只要坚持去做就好了，而忽略了如果没有一个明确可衡量的目标，就不知道自己的进度在哪里、距离目的地还有多远，这其实只是一时兴起而已。

比如，很多人毕业多年后又想把英语捡起来，重新学习。我所在的一个微信群，就有一个叫阿力的人叫得最凶，还让大家监督他学习英语。然后我发现他每天在群里汇报学习情况，一会儿是学习"新概念"，一会儿又用英语听力App，一会儿又和外教在线互动，看上去相当"勤奋"。

阿力貌似每天都在坚持学英语，一段时间后，他却突然在群里发问：

"我这英语也学习一段时间了，怎么现在听英语广播还是不行呢？看美剧更不行。"原来阿力眉毛胡子一把抓，什么都试，却什么都没做好。

其实他的这些方法和工具都非常管用，如果能将精力集中在其中一项，必然能提高英语水平。但问题就在于阿力的"学习英语"这个目标太过笼统，设置得不够清晰、可衡量，无法用来指导每天的小目标和学习量。

如果阿力把学习目标定为三个月内提高听力、听懂英语广播，这个目标就是可以衡量的，下一步可以选择一些新闻类广播开始练听力。比如，规定每天听多长时间或听完多少篇新闻；听完之后，不管听懂多少，都要阅读对应的文章，熟记没听懂的单词，再脱稿去听；反复练习，每天必须完成设定的小目标。

再如，如果你在职准备一门考试，肯定要看很多书、做很多习题，这同样需要设定明确的学习目标和学习任务，否则就会发生好不容易有时间拿起书，但一看就困、一困就睡、睡醒又不想看的情况。当考试的时间临近，你才发现自己虽然每天都在看书，但是不仅效率低下，而且根本不清楚学习进展，在考场上的表现就可想而知了。

我们在做一件事的时候，隐约会感觉到终极目标在哪里，但是极易忽略在通往大目标的路上还有很多停靠的车站，这就好比一个个可量化的小目标。唯有清楚在什么地方该停靠哪个车站，我们才会清楚距离最终目的地到底还有多远，否则必然会迷失方向，南辕北辙。

❷ 缺乏及时的反馈机制

很多人参加在线课程，学习写作、PPT、演讲等，忙得不亦乐乎。比如我的朋友阿欣，一开始报名参加写作课，信誓旦旦地表示要好好听讲和上课。她也确实非常努力，老师布置的作业每天都认真完成，每两天就会写出一篇新文章，发表到自己的公众号上。阿欣的持之以恒，让身边的朋友佩服至极。

然而过了一段时间，阿欣却开始苦恼起来，因为她发现自己的文章没什么人看。她说自己将写作课的很多干货都写在文章里了，实在不懂到底为什么会这样。

我问阿欣："你写过的文章有没有请老师帮忙点评？有没有请看过文章的朋友给你反馈，他们的建议或意见如何？"阿欣摇摇头："老师那么忙，我没敢麻烦他。我对自己文章的质量很有信心，还用去问别人吗？"

原来阿欣是这么想的，持如此想法的人不止她一个，他们在坚持做一件事的时候很有毅力，规定动作做得也很标准，光这点其实就已超过很多人了。但他们坚持越久，反而距离目标越来越远。这背后的原因，恰恰是他们忽视了建立"反馈机制"的重要性，而这是想要一件事获得成功的非常关键的一点。

获得他人的认可才是一个人能坚持下来并最终取得成功的动力。而只有及时获得别人的反馈，你才能知道哪些方面做得好，可以继续发扬；哪些方面做得不够，需要继续改善和提高。但如果没有这样的反馈，很可能你越坚持，离成功之路越远。

❸ 没有摸出门道，没能掌握正确的方法

多年前，我开始使用社交平台领英（很多求职者和猎头在上面注册，可以增加就业机会）的时候，并不知道怎么玩，只是添加了几十个认识的朋友而已。

有一天，我无意中发现有些朋友添加的好友数多达 500+（在领英上，好友超过 500 个，只会显示 500+，而不再显示具体数字）。我当时心里非常纳闷：我才几十个，他们怎么会有这么多好友呢？我立刻决定每天都添加一些人，说不定慢慢也可以积累到 500+。坚持了两周后，

费了很大劲儿，我的好友数才达到100，这距离500+的目标还相当遥远。

当时我真的觉得再没有什么关系近的朋友可以添加了，因为有些朋友并不使用领英，现在的同事也不方便添加，我打破脑门实在想不出还能再加谁了。一定是哪里出了问题，很可能是我的方法不对！

后来我研究了一下领英的规则，发现你添加一个好友后，系统就会自动推荐一些这个好友的好友列表，尤其如果这个好友已经拥有500+的好友了，推荐的好友列表就会很长，其中大多是一些猎头顾问的名字。

我心想，为什么不主动添加这些猎头呢？于是我就开始一个一个地添加他们，而猎头也乐意接受"优质"候选人的邀请，所以基本都接受了。而一旦这些猎头被添加成功，就又会显示出该猎头的好友列表，他们的好友当然有更多的猎头，然后我就继续添加他们。

这个方法真的很奏效，不到一周，我的好友数就达到了500+，然后达到1 000+，而且好友的质量都相当优良。

后来我经常接到来自好友列表里的猎头打过来的电话，向我推荐新的工作机会。虽然当时我并没想换工作，但毫无疑问，如果哪天我真的动了心思想要跳槽，这些猎头顾问都会成为我的隐形资源。找对方法才能做对事情、做好事情，这件事让我深受启发。

再如，有的人想做好PPT，从网上下载了一堆模板，每次汇报工作时都会从中寻找素材用于自己的报告，但展示效果并不理想，看上去总是特别别扭，跟公司的风格不搭界。

其实一般公司都有PPT使用规范，包括颜色、字体、风格等，只有在遵循公司的这些规定的基础上选取外部模板中最接近的图表使用，二者结合起来，才能收到不错的效果。而如果仅是一股脑照搬外部模板，肯定水土不服，效果会大打折扣。

没有找到高效处理问题的门道，没有使用正确有效的方法，"傻乎乎"地坚持，最终得到的也必然是"傻乎乎"的结果。相反，快速识别关键的成功因素，摸索总结有用的方法，就会得到事半功倍和出其不意的效果。

意志坚强、克服惰性、坚持不懈，是一个人获得成功的标配。但如果那是一种"伪坚持"，那么每多一天"坚持"，反而会把你推向离成功越来越远的方向。

"伪坚持"让你看不到行动的进展，无法衡量距离目标的差距；"伪坚持"缺乏及时的反馈，没有持续升级和改进；"伪坚持"使用低效重复的方法，费时费力。这样的"伪坚持"绝不能将我们送上正确的航程、抵达成功的彼岸。

总　结

时间是最好的见证师

成长的背后是坚定的意志、持之以恒的精神和强大的自我驱动。换取未来成功之门的入场券，绝不是靠刷手机、打游戏或追热剧得来的，只有具备自我成长的动力和持久的学习力，才能让你轻松获得这张门票。一味在"自我意淫"的忙碌中麻木着手脚、心灵和头脑，最后倒霉和吃苦果的只有自己。

年轻时贪图安逸或者懒惰，消耗的是时间，磨灭的是斗志，贫乏的是大脑。当下你最大的资本一定不是金钱、美貌或学历背景，你能和其他人比拼的唯一公平的资本就是"年轻"，而你要做的唯有充分利用它。

时间是最好的见证师，在那个未知的未来，你要遇见的是美好的自己还是懊悔的自己，决定权就在今天的你的手上。

第三章

三十而立的你，如何
实现职业跃迁

5年以上

1

职场倦怠来了，一不留神，你就彻底废了

曾有一份来自某招聘网站的调研数据显示，被调查者中对工作持不同态度的人数占比如下（以下调查数据之间有交叠）。

- 工作不开心：60%。
- 对工作不满意：60%。
- 对工作毫无热情：70%。
- 明确表示热爱工作：4.2%。

针对早上被闹钟叫醒时的感受，被调查者中的人数占比如下。

- 不情愿起床，认为还没睡够：38.4%。
- 认为要是不上班该有多好：31.5%。
- 迫于生活和工作压力，选择赶快起床去公司：30.1%。

以上两组数据清晰地告诉我们，现在上班族普遍对目前的工作不满意，缺乏热情。而如果一个人长期从事自己不喜欢的工作，不仅心情受到压抑，更难以获得职业上的成功；反之，那些从事自己喜欢的工作的人，则可以充分调动个体的潜能，获得职业发展的原动力。

这就形成了一个恶性循环：大部分人不喜欢现在的工作，而不喜欢自己的工作又让自己难以获得提升，逐渐形成职场倦怠。

职场倦怠，让你在本该努力提升和精进的年龄，干什么都无精打采，找不到兴奋点。它也许不会立刻让你陷入危机和困境，但是犹如千里之堤溃于蚁穴，久而久之，就会让你的思维真正老去，青春不再。

那么潜伏在身边的职场倦怠到底有哪些特征？如果它在你身上初露端倪，又该如何进行自我拯救呢？

一、职场倦怠的特征

❶ 缺乏动力，没有方向

你一定时常听到身边的人有这样的抱怨：

- "这工作啊，真没劲！"
- "不就是一份工作吗，挣一份生活费而已！"
- "工作干得越来越没有方向，也不知道以后该怎么办，唉！"

以上言论一般发生在年过三十、遭遇发展瓶颈期的职场人士身上。他们会说出很多让其感觉工作无聊、动力不足和方向不清的原因，比如：

- 同事关系紧张；
- 没有上升空间；
- 薪资待遇不满意；
- 工作内容简单重复；
- 和领导关系紧张，不受重视。

我的同事阿江最近心情非常消沉，他说领导不重视他们部门，对他不理不睬；工作上也没有什么新东西，重复的工作让他倍感无趣。他说自己的职业遇到了天花板。

每次看到阿江，他总会叹气："员工工作没有斗志，我也没什么动力，这么混着，真不是办法！"阿江出现倦怠心理，工作上不免松懈下来，经常中午才到公司上班，报告也总是晚交；业绩虽然勉强维持，但就凭这种状态，很难完成年底的销售任务。

工作失去了目标和动力，人仿佛将自己的后半生一下子看到了头，所以会空虚、失望。身边一旦有几个这样的人，你也会无形中被这种情绪感染，甚至开始怀疑自己的人生和价值。

❷ 得过且过，降低自我要求

Alice 加入公司 5 年多，一直在财务部工作，从没升职的她却一点都没想过离开。她经常对同事说："发多少工资干多少活，干多了也没用，反正也不会涨工资！"在这种心态下，Alice 的工作业绩平平、缺乏新意，她很少仔细钻研，认为干得差不多就行了。

当领导提出新要求时，Alice 嘴上不说，背地里却抱怨领导布置的工作太多，找各种理由推三阻四。她虽然没犯什么大错，但每天一副懒洋洋、得过且过的样子，的确让领导头疼。她不知道，自己已经被列入公司"bad performer"（表现不好，待考察）名单，下一步可能就会被警告或者辞退。

Alice 自以为没太多期望和野心，眼前这份比上不足、比下有余且收入稳定的工作，完全可以一直干到退休，却不曾想她所在的环境早已危机四伏。

人一旦对自己的要求开始降低，就可以一直无限降低自己的底线，对公司的各种变化置若罔闻。在人才竞争激烈的今天，用这种挣死工资混日子的打工者心态对工作敷衍了事，被淘汰是早晚的事。

❸ 怨天尤人，抱怨不断

还有一种职场倦怠表现为持续抱怨，比如对新来的员工百般挑剔，要是打听到别人比自己的工资高，心里就极度不平衡；看公司政策不顺眼、不合理，认为什么都不如其他公司；对领导不满意，认为领导太偏心，从不提拔自己。

这是典型的"受害者思维"，只要戴上这样一副有色眼镜，眼里的世界就是倾斜的天平，而这架天平永远是向其他人倾斜，而不是自己。这类人的抱怨不是一点道理都没有，但关键是他们只停留在口头抱怨，而无法或不愿给出积极性的改善建议并采取行动，因此并不会得到别人的认可和同情。

负能量有如毒瘤一样会不断扩散，吞噬人的积极性、求知欲和好奇心，而没有一个组织会欢迎这样一个负能量爆棚的人。

二、如何克服和应对职场倦怠?

如果你开始出现上述现象，那就毫无疑问患上了"职场倦怠症"。虽然有些人最初也曾尝试做些改变，但当没有如愿时，他们要么变成牢骚满腹的"祥林嫂"，要么彻底放弃改变，最终形成一种恶性循环：情绪越消极、越懈怠，工作成绩越落后，领导就越有意见。

《李翔知识内参》中曾说："成长和舒适不可兼得，如果你不曾感到紧张，就说明你没在学习。"

职场倦怠的根源，恰恰是失去了对自己成长的要求和期望，将所有问题归结于外部而非自己。能够拥有一位开明的领导、一群友善的同事、一个慷慨的雇主，当然是一件求之不得的事情，但是这些通通是外部因素，你虽然可以对其施加影响，但最终如何并不由你掌控。

归根结底，改变困境和命运的武器在自己手里而不要依赖他人。掌握核心技能，让自己变得更有价值、不可替代，才会遇到有价值的机会。所以，一旦遭遇职场倦怠，你可以有如下选择。

❶ 跳槽走人

上班的目的一方面是赚钱，满足生活需要，另一方面则是让自己融入社会，通过参与社交和集体活动，实现个人价值。在哪里都能上班、都能赚钱，第一方面的目的或多或少都可以达到，而第二方面未必能够真正实现。

如果你对眼下这份工作深恶痛绝，每天处于负能量的包围中，8个小时过得度日如年、如坐针毡，一天都待不下去，也许真的是你该离开的时候了。该如何衡量是否应该跳槽，又该为此做哪些准备呢？

（1）当你对公司彻底失望

一旦你对公司和领导彻底失望，大抵就需要考虑跳槽了。在正式决定跳槽前，你需要考虑清楚，你对现在的公司和领导不满意，很可能在下家公司同样会遇到这些问题，到时你是否做好了心理准备进行应对？当然，你可以在面试和入职前通过熟人打听清楚公司的概况再做决定。

（2）了解目标公司和岗位

你最好想清楚下一步跳槽的目标行业和公司、目标岗位和期望的薪资待遇，更要了解目标岗位在市场上的需求度和基本薪酬范围。

这些信息既可以从公开的招聘或猎头网站直接获取作为参考，也可以通过和猎头顾问的口头交流详细了解。

（3）梳理和包装简历

接下来，你要将简历进行认真的梳理和包装，注意事项如下。

- 在每一部分工作经历中，除了罗列工作职责外，最好将取得的业绩进行量化，比如销售额、节约成本、完成天数、产生收益，以及对公司产生的积极影响和贡献。

- 介绍你在项目中的角色和定位，是起主导和牵头作用，还是辅助或支持作用。在面试官眼中，你起到的作用不同，价值自然不同。

- 不要忽视对"软技能"的总结和归纳，比如领导力、跨部门沟通能力、较强的团队合作精神、结果和细节导向等。与此同时，最好能提前准备材料以说明你曾做了哪些事体现了这些软技能。
- 申请的职位不同，简历也需做相应调整，使其具有针对性，不能一份简历包打天下。
- 联系猎头投递简历，或通过熟人、朋友的内部推荐应聘相关职位。

要找到心仪的工作具有很大的不确定性，快则 2 ～ 3 个月，慢则需要半年甚至更长。所以你一定要有耐心，不能心急或者因为已下定决心辞职而故意和领导闹别扭，否则只会对自己不利。

别忘了，在猎头推荐成功后，还有最后一个流程是背景调查。也就是说猎头会打电话给你曾经的同事，可能是你的平级、上级或下级，通过对他们的访谈来了解你在上一家公司的表现及其对你的评价。因此，无论在哪家公司，离开时都不要忘了你的"离场"姿态。

我曾经作为推荐人，帮助一个前同事做了一次完美的背景调查，最后她如愿实现了留在新西兰就业的美好愿望，这让我非常有成就感。

❷ 继续苦练内功

如果真下定决心跳槽走人，说明你对自己不仅有信心，具备一定实力，而且做好了多方准备，就等合适的机会降临。

然而现实中，有些人虽然对工作不满意，但还不具备足够的实力，也没信心通过跳槽找到更好的工作，他们基于各种"无奈"的理由而留了下来。如果留下来能慢慢学习他人的长处、弥补自己的短板倒也罢了，有些人只停留于抱怨工作没价值或领导的能力差，自己却不做任何改变。其实，这种想法正是思维受限的一种体现，不能从现有工作中提炼其价值，发掘领导和同事身上的闪光点。

反之，如果开拓思路、转变思维，对工作的态度也会随之改观，比如客观地分析一下：工作或项目没做好，是不是因为自己不够认真、要求过低、得过且过或者敷衍糊弄？领导或同事的批评，就一点道理都没有吗？如果他们说的话哪怕有一句对你有用，以后加以改正或提高，不就行了吗？

无论如何，你都要未雨绸缪，持续地主动学习、锻炼能力、积攒经验，这样等到有一天，不管是主动还是被动离开，你都不会慌手慌脚。

❸ 缓解倦怠的其他途径

还有两种方式可以让你不必离开现在的公司，多少能缓解你的不满情绪，即转换岗位和充实下班后的生活。

具体来说，一种方式是留意公司近期发布的内部招聘信息，或通过关系不错的同事了解空缺岗位，尝试内部转岗；另一种方式就是好好规划你下班后的生活，让自己从另一个维度获得满足感，比如参加读书会，制订健身计划，从事写作，学习一项新技能或乐器，甚至成为"斜杠青年"、开启副业等。将业余生活过得有声有色，一是可以拓宽你的视野，结交更多的朋友，从而让自己走出思维的局限；二是能让自己在新的领域获得成就感，提高幸福指数。而这些也都会潜移默化地影响你的日常工作和心情，让你不再对同事或领导的态度耿耿于怀，因为你知道这份工作并不是你生活的唯一。

少些抱怨，干好现在的工作，说不定哪天你学到的新技能就可以变成你真正的专业，变成你谋生和赖以生存发展的真正技能。凭借这些技能，你足以支撑未来的生活和事业，甚至自主创业。

❹ 喜欢做什么≠能做什么

当你思考"我喜欢做什么"的时候，不妨尝试着将其更换成"我能做什么""我能做好什么"。喜欢做什么和你真正能做什么、做好什么之间，并不能画等号，至少现在不能。这中间的差距，不能靠天天喊口号，更不能靠运气，而是靠你的持续努力和顽强打拼。

韩寒说："这世间从来没有毫无准备的横空出世，更没有随便努力一下就可以的成功。"临渊羡鱼不如退而结网，与其羡慕其他人的成功，在不满和焦虑中虚度光阴、蹉跎岁月，还不如脚踏实地，转变和磨砺自己，将命运掌握在自己手里，而不是被动接受命运的安排。

总 结

走出职场倦怠阴霾，找到坚持的动力

当你发觉自己有了职场倦怠的心态，扪心自问下面这几个问题，或许会帮你走出阴霾。

- 当你出现场倦怠的心理和工作状态后，领导真的没有察觉到吗？领导是否已经直接或间接向你发出过警告？

- 你有没有职业危机感？为什么你觉得公司没有辞退你的计划？你能接受被辞退的风险吗？辞退后，你打算怎么办？

- 在现有岗位或现有公司，真的没有值得再学习的东西了吗？你的能力真的无法再提高了吗？

- 寻求外部机会，你准备好了吗？你有什么可以打动猎头或新雇主，使之愿意付出更多的薪水聘用你？

- 如果觉得自己还没准备好，那么你要打造的核心竞争力是什么？为此应该在哪些方面提高？你会为提高这些能力采取哪些实际行动？你的学习和提高计划是什么？

- 如果不再打工，选择创业，你已经清楚打工和创业的区别是什么了吗？你具备创业的基本能力和资源吗？

当你真的将上面这些问题都看明白、想清楚了，那么恭喜你，你

的"职场倦怠症"已经治好了一半，剩下的一半就是开始行动了。

每个人都有脆弱、懒惰和委屈的时候，很多人抱怨自己的工作又累又忙，失去了工作的动力。其实静下心来想想，这份工作是你自己选择的，公司也选择了你，如果不能立刻改变现状，那就选择热爱它、拥抱它，好好完成它，并从中找到一份乐趣。

村上春树说："不必太纠结于当下，也不必太忧虑未来，当你经历过一些事情的时候，眼前的风景已经和从前不一样了。"希望你能真正领悟到这一点。

2

面临职业转型，该做哪些准备

当你已经逐步适应职场生活，工作起来游刃有余时，开心之余又会真切地感受到来自生活和工作的各方面压力：经济收入、职位晋升、激烈竞争、加班熬夜、发展动力等问题接踵而至。当不能遂心如意甚至遭受打击时，你就会变得迷茫和焦虑，对未来忧心忡忡，对现在的工作热情度降低，开始不喜欢甚至有些讨厌这份工作。

而当一个人不喜欢现在的工作，每天起床的最大动力只是为了养家糊口和维持生计，可想而知其精神状态该有多糟：焦躁不安，魂不守舍，得过且过。

如果你真的一天都不想待下去了，不妨先冷静下来仔细思考：你不喜欢这份工作，是因为压力大或工作累，还是真的是发自内心的厌恶，已经毫无热情？你是否想清楚了要真的转行做别的工作？你是否了解转行成功的基本要素是什么，你又要为此提前做哪些准备呢？

一、喜欢的工作 ≠ 能做的工作

如今，在一家单位或公司干一辈子的情形越来越少，跳槽或转行则变得犹如家常便饭，越来越常见，也越来越重要。

走过职场 5 年，在奔向 30 岁的路上，不少人开始重新审视自己。当发现自己并不喜欢现在的工作时，要么一不做二不休，什么也不想直接就转行到自己"喜欢"的行业，但往往在现实面前碰得头破血流；要么谨小慎微，犹豫徘徊，不敢走出第一步，最终选择了放弃变动，继续干着不喜欢的工作，不再吭声。

其实，喜欢的和能做的是两回事。就算你真的不喜欢现在的工作，而且你对自己喜欢或感兴趣的工作已经有了大致的方向和目标，这也不意味着你就可以立刻摆脱现状。从喜欢到能做，还受如下一些因素的制约。

- 喜欢的工作是否能为你带来收入？和你现在的收入相比是否有差距？差距有多大？
- 在喜欢的工作面前，你有能力、有本事马上就可以胜任吗？
- 如果能力有差距，你知道如何弥补吗？需要付出的时间、金钱和精力你能够承受吗？
- 你是否能获得喜欢的目标岗位的面试机会？

看到这份清单，你的心是不是一下子就凉了半截？有人完全没想到转行还要思考这些问题；有人看到这些约束条件后，更是难以抉择，畏首畏尾。

其实要想做到成功转行，不能仅靠有这个想法，更要讲究规划和策略，讲究实际落地的执行能力，二者缺一不可。不然就只能停留在空想和理论状态，一点都无法改变现状。

二、转行之前，可以先考虑内部转岗

让我们试着从用人单位的角度考虑一下：当你招聘一个员工的时候，

一定是希望招到性价比最高的人，即支付的工资合理，对方经验丰富。没有雇主会愿意用市场价招一个虽有热情却缺乏经验的新手，因为谁都不想把公司当作免费学校供你学习。就算你愿意自降薪水，大部分现实的雇主也不愿意给你这个机会。

所以，你要想在薪水不变或要求涨薪的情况下找到一份自己热爱、有激情但你又缺乏经验的工作，几乎不太可能。现实虽然如此"骨感"，但如果你能调整自己的思维方式，从其他角度思考，你会发现世上没有"不可能"。从其他角度思考的策略之一，就是在不离开现在公司的情况下，通过内部转岗，进入自己感兴趣或心仪的岗位。

比如，你原来做财务，想要转行从事销售，这样的转行，通过外部跳槽基本没有可能性。在公司内部实现跨越如此大的转变虽然也不容易，但却有可能实现。如果你平时非常用心钻研销售业务，有着良好的个人口碑，得到相关部门领导的认可，那销售岗位的空缺机会一旦出现，你主动申请进而成功拿到 offer 的概率会很大。

这种内部转岗的最大好处是你的工资基本不会因此降低。假以时日，在你积累了足够的经验后，跳槽到外部的销售岗位，一切就会变得水到渠成，顺理成章。

三、想清楚为什么要转行

❶ 转行不是为了逃避

如果你问那些信誓旦旦要转行的人为什么会产生转行这个想法，大部分人的回答是：工作干得没劲、没兴趣。究其根源，是他们失去了工作动力，没有上升空间，或者对薪资待遇不满意。

诚然，兴趣是最好的老师，带着极大的好奇心和兴趣从事一项工作，一定会收获意想不到的效果，但你是否搞清楚了"三分钟热度"和真正的兴趣的区别是什么？真正的兴趣能驱使人不断地投入和钻研，进行长期积累；而仅靠三分钟热度做事，只能维持很短的时间，接着必然会再度厌倦和陷入迷茫。

所以，仅凭所谓的"兴趣"而讨厌或者喜欢一份工作，很不可靠，因为那极有可能只是"三分钟热度"带来的幻觉和一时兴起。

解决失去工作动力、没有上升空间，或者薪资待遇不满意这些问题，有效的办法是梳理、回顾和检查自己目前在工作方法、人际关系、沟通方式以及职业规划等方面是否出了问题，下一步该如何做出改变。

寄托于转行来解决上述问题，更像是意气用事、逃避现实，根本没认识到转行本身意味着更大的变化、挑战甚至风险。你在原行业遇到的问题，在新行业也很可能同样会面临，到时你该怎么办，还要再次选择转行吗？转行不是为了逃避现实的种种不满，而是经过深思熟虑，从职业长期发展的角度做出的理性选择。

❷ 转行的必要性

基于对职业长期发展的考量，从以下几点出发，你会对转行有更加理性和深入的思考，从而决定是否要转行。

（1）现在的行业处于下行通道，没有发展前景，需要跳出或逃离该行业

这也就是我们所说的夕阳行业：处于"微笑曲线"的下端，其主要特点为利润低、高能耗、竞争力低、产能过剩，比如传统纸媒业、钢铁煤炭行业、传统零售业；随着社会的发展，不进行升级转型，它们一定会被新模式所替代。

（2）为了拓宽自己的职业宽度，增加工作阅历，提高未来的竞争力

比如，在乙方咨询公司工作，转行到甲方（实体企业），是为了了

解企业的具体运营，积攒在企业中的实战经验，从而使自己同时具备甲、乙两方的工作经验。这样，未来不管是回到乙方还是跳槽到其他甲方，都有十足的优势担当更高级别的管理岗位。

（3）打破目前的稳定，接受新挑战，创造更多的可能性

有人从体制内转行到体制外，就是因为不愿意做一成不变、循规蹈矩的工作，他们想通过自己的努力，在体制外找到更能发挥自己能力的平台，并获得更高的收入。

（4）受真正的兴趣驱动，做自己喜欢的事业

有人在本职工作之外从事感兴趣的副业，经过一段时间，条件成熟后，便决定辞职，全职展开这项"副业"，这就是找到了自己真正感兴趣的方向，并愿意为之投入全部精力。

Lucy之前在工作稳定的电信行业工作，后转行到保险行业，就是因为看到了目前中国保险业虽有巨大的市场潜力和增长空间，但优秀的保险代理人却不足这个机会。她本人沟通能力强，储备了许多"潜在客户"，因此非常有信心在保险行业一展拳脚，实现能力和收入同时上台阶。

转行的必要性就在于，只有通过转行，你才能突破瓶颈，能力倍增，价值提升，踏上下一班职业发展的高速列车。

四、如何成功实现转行？

转行既不是仅靠一腔热情就愤然裸辞、投入新领域，也不是瞻前顾后，始终不敢行动。就拿Lucy的经历来说，她有了转行到保险业的想法后，并没有轻易辞职，而是开始留意身边谁在从事保险业，没多久就得知前同事的太太在一家全球知名的保险公司工作。

Lucy主动联系这位前同事的太太，并经常向其请教和探讨行业发展问题，参加相关培训课程，很快建立起自己的知识结构体系，成为行

家，摘掉了保险"小白"的帽子。而这一切都是她在在职状态下利用业余时间完成的。半年后当一切水到渠成，她毅然辞职，加入了前同事太太的团队，成功转行到保险业。

回顾 Lucy 的经历，要想成功实现转行，我们需要做以下这些准备。

❶ 选定转换的目标行业

关于目标行业的选择，可以通过在线搜索（如百度、知乎、大数据导航、专业垂直网站等）获得基本信息，然后通过专业人士的文章、评论等进行深入了解。当然，如果有机会接触到业内人士和行业专家，与他们充分交流就更好了。

❷ 发现在目标行业工作的朋友

深入了解并向其请教该行业的发展方向和趋势，目标岗位的具体工作内容，需要具备的知识和技能，以及关于如何转行的建议。

❸ 通过系统学习，快速掌握相关的知识和技能

通过线上、线下课程，训练营，研讨会，请教专家和付费咨询等各种途径，进行系统，学习，迅速掌握基础知识。

❹ 有意拓展在目标行业的人际圈

很多人最容易犯的错误就是刚对行业有了初步了解，就头脑一热愤然裸辞，想全身心投入新行业，却忽略了潜在的风险和不确定性，比如一时拿不到 offer、突然发现有很多不懂之处、无法接受新挑战等。而在行动前多方面了解行业的信息和规则，争取寻找到能推荐自己进入新行业的"领路人"，才是稳妥而理性的做法。

❺ 现任岗位和"斜杠青年"，两条腿走路

如果无法在现有公司内部实现转岗或转行，不妨考虑先从兼职开始尝试。比如你现在做采购，但对亲子教育很感兴趣，并想将其作为未来长期的职业发展方向，那你可以先了解一下亲子教育市场目前的商业模式、岗位分布、薪酬情况和未来发展趋势等，然后锁定自己感兴趣的方向，为以后成立工作室做准备。

刚开始你没经验、没客户、没口碑，更没有收入来源，不可能马上成立工作室开展业务，但你可以利用业余时间建立公众号，撰写亲子类文章并发布到各大社交平台上，这样既可以提升专业素养和知识水平，也可以慢慢建立品牌知名度和提高曝光率。随着客户资源不断积累，你的变现模式也逐渐清晰，开始实现收入，甚至超过现职采购岗位的工资，那你就完全有理由辞职创业了。

永远不要期待着一步到位实现理想，每个努力上进、有追求、有理想的人都很清楚：成功的人总是在不断调整自己的位置中螺旋上升。

选择在职的模式，一边工作一边布局转行，并为之做各种必要的准备，就能得到事半功倍的效果。这种模式能保证你的正常生活不受影响，不仅让你有足够的经济支撑，也不会给你的心理造成过大压力。当一切进展顺利，你就可以找到好的时机果断辞职，成功入职新领域；而一旦发现新行业并不如自己之前所想象的美好，转行的意愿也并不强烈，那就继续留在原来的工作岗位。

转行是个系统工程，需要找准优势提前布局，充分调研确定方向，进入圈子，找到转行的切入点。与此同时，学习新知识，掌握新技能，将自己的过往优势和能力迁移到新领域。

不掌握转行的正确姿势，仅停留在"想"的阶段，就永远无法真正开始，最后只能充当一名看客。

五、超强的行动力，是保证成功转行的关键

上文提到的 Lucy，是 33 岁的二宝妈妈。在有些人眼里，年过三十、带娃没时间、不懂新领域，这些都是转行的劣势，通常想想不太可能，也就算了。

而 Lucy 不仅让转行变成现实，而且在新岗位上业绩突出，干得风生水起。这是因为 Lucy 除了懂得如何对待"转行"这项系统工程外，她还具备超强的行动力。

隔行如隔山，从未涉足过保险业，她所有的知识都依赖于孜孜不倦的学习。她花钱报名训练营，购买微课，付费咨询，将通勤路上、午休间隙、孩子没起床和睡熟后这些时间充分利用起来，不断将所学吸收和沉淀。

Lucy 制定了详细的计划进度表，在每个阶段给自己设定一个小目标，一个个攻克难关；她还多次向业内人请教如何能快速了解客户心理、如何创造销售价值而不是保单本身。她将所有要点记满了厚厚一个笔记本，随时翻看。她从没有强迫身边的朋友购买保险，都是在分享和传播保险及理财知识的过程中赢得了他人的信任之后，收获了一单又一单业务。

世界上有些事情做起来很难，难点就在于人们不愿意尝试，害怕开始；即使开始了，一旦遇到困难，就立即退缩甚至放弃。不得不承认，拖延、懒惰、行动力差是一个人无法实现突破、获得成功的重要制约因素。

转行也一样，只有想法和规划，却从来不付诸行动，或者仅是浅尝辄止、敷衍了事，那最后换来的不过是一声叹息，生活重新回到原点，不见任何起色。转行，是一个人职业生涯中的重大决定，你对转行的意志有多坚定、行动力有多强，转行成功的可能性就有多大。

总 结

敢想又敢做，才能成功

转行，不是一场说走就走的旅行，为了成功转行，你需要为此做出改变和做好准备。你需要为这些改变付出时间、努力和汗水，甚至放弃娱乐、休闲和享受，这多少让人不太舒服、不太适应。

于是，有的人便立刻退回到舒适区，再不想付诸行动，给自己找 1 000 个推脱和放弃的理由，让理想束之高阁。只有那些不仅心怀梦想，更能厘清方向并持续为实现目标默默努力、坚持不懈、身体力行的人，才可能最终让梦想照进现实。

每一个成功转行的人，都有一段默默努力而奋进的时光，他们不张扬、不气馁，砥砺前行，不断提升，实现了人生最华丽的转身。愿你既敢想又敢做，转行之路走得踏实而稳重。

3

到底往哪个方向走，你得心里有数
——管理路线和专家路线

对于未来的职业发展，如果单纯依靠直接领导为你规划，既不现实，又很被动。领导在这方面也许会给你一些建议，但真正了解你的当然还是你自己。该如何规划下一步，如何创造机会，为自己的职业发展铺路架桥，你必须做到心里有数。

一般来说，职业发展路线有两种：一种是管理路线，另一种是专家路线。选定之后，并非不能调整，可以用一段时间来适应这个发展方向。如果发现兴趣不大或缺乏动力，甚至还讨厌这条路线的某些特征，就该重新评估并在合适的时机转向另一条发展路线。例如，管理岗位经常需要跟别人打交道、处理人际关系，而这些如果让你厌烦，你就要意识到自己可能并不适合做管理工作，赶紧考虑往专家路线发展。

简言之，这两种职业路线没有好坏之分，只有对个体是否合适之分。

一、专家路线知多少？

走专家路线，要求个人在本领域和本专业技能高超、经验资深、有独到的见解，能解决复杂问题并给出解决方案。其主要聚焦于一个模块，一般是专才，而往这个模块发展的最大好处是可以专注于某个领域的知识积累，较快成为领域的专家。这种通道的职业发展一般存在于大型企业中。

个人要想达到这个水平和层次，必定要在本岗位甚至本行业"浸泡"多年，接触过无数真实案例，积累了丰富的一线和现场经验。

因此，这对要往专家路线发展的人无形中提出了"硬性"要求，即"同岗"。显然，频繁转岗是不可能达到专家水平的，更别说沿着专家路线向上发展了。

二、管理路线知多少？

管理这条路线则要求个人有灵活的应变能力、处理问题的能力和高效的协调沟通能力，有良好的创新和团队合作意识，能带领团队迎接挑战、完成目标。所以，对个人是否一直任职于本领域、本行业甚至同一岗位没有强制要求。

当然，能够在同一领域深耕、在一个行业里做精做久、积累丰富的经验更好。也就是说，行业的经验积累虽然重要，但相比于"职业"的经验积累，这种重要性并没有那么大，即使不在同一领域，也会强调在相关领域或相关岗位的工作年限和经验。

从助理、专员、主管、经理、总监直至总经理，是普遍的晋升路线。走管理路线的人都是通才，对其管理能力的要求要高于专业能力。

三、如何评估自己适合走专家路线还是管理路线？

❶ 个人性格、兴趣和优势

如果你没有耐心踏实学习、没有钻研精神、不愿意在专业领域深耕，那就很难成为专家；如果你不善于系统思考、沟通协调，处理人际关系的能力较弱、爱单打独斗、不愿意带领团队，你也很难在管理路线上发展。

如果对自己的评估模棱两可，不知道哪条路适合自己，可以借助职业兴趣测试工具进行测评，也可以听取对你非常了解的领导、同事、同学和朋友等的客观评价和反馈意见，从而明确自己的优势、特长和真正的兴趣所在。

综合评估后，你对自己的了解会更加深入和完整，再选择适合自己的发展路径，这样不仅能提高未来职业的稳定性，更有利于你对工作保持激情和动力，更容易获得成功。

❷ 所在平台能否提供合适的机会

有些时候，我们想做什么、能做什么，与平台能否给我们提供这样的机会有很大的关系。

如果在一个并不能充分发挥你的专长和优势的公司或岗位，你的价值自然也发挥不出来，那么不管你是想走专家路线还是管理路线，客观上并不由你决定，成功的机会也很渺茫。比如你在财务部，明明喜欢做管理型职位，但根据公司目前的组织架构和岗位设置，只有专家型的职位可以给你；相反，你想要做专家型的财务，但公司目前的机会只有管理型工作，你根本没得选，要么保持不动，要么做出不情愿的选择。

在这种情况下，你的优势和兴趣与公司提供给你的发展机会和施展平台并不匹配。如果无法通过跳槽换工作实现转型，那你的职业发展的愿望就很难实现。

❸ 领导是否支持你

除了拥有一定的优势和长处，公司也能为你提供施展才能的平台，你要想在既定的职业道路上顺利发展，还需要一个支持你并提携你的直接领导，让他作为你的导师或领路人。只有他愿意培养和指导你、挖掘你的潜力、给你承担更大责任的机会，你才有可能在职业发展方向上锻炼能力，积累经验，逐渐形成自己的核心竞争力。能遇到这样的领导是很幸运的事情，他能帮助你在职业道路上越走越顺，不断走向成功。

总之，到底选择专家路线还是管理路线，一要看自己适合哪个，二要看有没有发展机会，三要看领导是否支持你。

四、举例说明：程序开发人员该如何选择职业发展路线？

如果沿着专家路线走，程序开发人员可能经历的发展路径如下。

初级程序员→中级程序员→高级程序员→架构师／系统分析师→资深技术专家

如果准备走管理路线，可能经历的发展路径如下。

程序员→项目主管→项目经理→部门经理→公司经理

除此以外，程序开发人员也可以向其他方向发展，比如市场、销售或自主创业等。

那么问题来了，如果不走管理路线，而是沿着专家路线走，是否如有些人担心的，未来的发展空间非常有限？答案是否定的。

其实不少技术开发人员坚持走技术路线，是因为个人性格和兴趣爱好使然。有人天生内向，不善言辞，不愿与人打交道，更愿意一门心思钻研技术，不断突破技术瓶颈，在技术领域有所建树。在这种情形下，走专家路线就是一种很不错的选择。

很多 IT 大公司都会有明确的技术职业发展路径，供那些不想进入管理岗位的员工选择，这些路径也有很高的级别，扮演着重要的角色。以谷歌为例，程序员的级别可以从 3 级到 10 级，甚至更高。

那么，不走管理路线，对于开发人员来说，又有什么风险呢？

不走管理路线，程序员未来的职业发展的确可能会受到限制。就算你酷爱编程，也很有天赋，最高的职务级别也只能是技术专家，没有其他晋升空间和机会，这一点是不可否认的。管理路线则不同，其发展空间更为广阔，成为总监、总裁都很有希望。

总 结

没有最好的，只有最合适的

回到选择路线本身，没有哪条路线是最好的，适合自己的才是最好的。另外，喜欢和擅长完全可以转换。如果你喜欢管理工作，只是暂时还不擅长，就可以边学、边总结、边实践，毕竟很多领导都是从基层管理人员走过来的。

在没有明确职业发展方向时，你可以尽可能尝试不同岗位甚至涉足不同领域，在工作实践中找到自己的优势和长处，从而确定职业发展目标。一旦选定，就按照这个发展方向继续深耕或拓展。

但对于毕业 5 年以上的人而言，如果还没有明确发展目标，经常变来变去，将会让自己处于被动和危险的境地。先不说这样根本达不到行业和专业积累的深度、成为专家，就算你打算往管理方向发展，这也是一种无的放矢的盲目转换。

举个例子，曾有读者问我：他过去 5 年跳槽 3 次，行业横跨地产和会展，具体工作做过网络编辑、广告文案、新媒体运营推广等，积累了很多关于内容、运营、策划等方面的知识和经验，目前在一家大型互联网企业做内容运营。你看过后，是不是觉得这位读者跳槽太过频繁，没有相关性和连贯性，不利于未来职业发展？

如果从专家发展方向来看，这样的经历的确不完美。但若从管理路线出发，我却持相反的看法。

这位读者从事过的网络编辑、广告文案、新媒体运营等职位，虽然看起来是不同岗位，但本质上都跟互联网以及文字打交道，与他目前所从事的内容运营有很密切的关系，经验的延续性和积累性很好，我想这也是他能得到目前这份工作的原因。因此，上述跳槽并不会对他的职业发展造成负面的影响。但我给他的建议是：明确未来发展方向后，选准一个行业，深入发展，不断提升。

另外，从企业用人角度来看，专业化人才能够深入、透彻、全面地了解和熟知一份工作的职责与内容，并产生新的想法和思路，将工作做得更为高效，这样的人必然会备受关注和青睐，也是人才市场的香饽饽。

总之，到底是在一个领域或同一个岗位做精、做深，还是尝试多个领域或不同岗位以开拓眼界、发掘潜力，这与你自己的个性和职业发展规划息息相关。能清楚地了解自己、明白自己的需求，就自然知道该如何选择了。

4

得到领导青睐、进入核心圈，你所不知道的秘密

不知道你有没有发现，我们身边总有相当一部分"老实人"，他们哼哧哼哧地辛苦干活，对领导言听计从，但一到升职加薪，就没他们什么事了，基本是靠边站的状态。

究其原因，这样的"老实人"并不明白仅仅当一名听话的员工是不够的，工作上不能独当一面、替领导分忧解难，最多得个"老黄牛"的称呼而已，根本不会出现在待提拔人员的名单上，更不会进入组织的核心圈。

那么，如何才能得到领导的认同和赏识？如何辨识和进入组织的核心圈，为进一步向高阶职位发展铺好路、搭好桥呢？

一、如何才能得到领导的赏识？

读者桔子留言说最近自己很苦恼，他苦思冥想也不知道自己这种"模范员工"为什么老是不受重视。我问桔子："你说自己任劳任怨，领导说一句，你照办一件；领导没说的，你就不去做？"

桔子说："那是自然，我只要本分地做好领导交代的事情，其他不

用多想。当然，我也不会偷懒！"后来我又和桔子细聊了一下，终于找到了桔子没被提升的症结所在——桔子的认知与领导的认知出现了一个巨大的差距：桔子想的是领导让干啥就干啥，为什么要去做领导没布置的任务呢？而领导想的是如果下属都不用自己手把手地教，每个人都能独当一面，替他多想想，那该多好啊。

也许你会说，要下属独当一面，那还要领导干吗？这种想法，绝对是对"独当一面"这个词的重大误解。独当一面不是说让下属取代领导，而是下属能够根据领导的指令，独自或带领团队独立完成某一方面的工作，将好的成果呈报给领导。

缺乏独当一面的思维和能力，在领导眼中，你不过就是一个能吃苦、肯干活的"老黄牛"，但若谈到提拔或者重用，他们立马眉头一皱，连连摇头。

那么，如何才能让自己具备独当一面的能力、获得领导的认同呢？

❶ 站在领导的角度，有全局思维

桔子所犯的错误非常典型，就是永远只从自己的角度出发，没有学会换位思考。当领导交代一项任务时，桔子立刻在大脑里开启线性思维，交代 A 就做 A，交代 B 就做 B，而没有进一步做深层思索和探究。

因为平时缺少对领导言行和思维方式的深入观察，所以他对领导的真实想法和背后的意图漠不关心，最多也就做到一知半解。比如，领导让他去查一组行业数据，桔子二话不说就开始上网收集信息，忙了一整天后把结果交给领导。但领导一点都不满意，认为这些信息太过陈旧，对自己一点用都没有。

当桔子后来得知领导因为要向高层汇报，所以需要一些数据能证明所在行业快速发展、很有前景的时候，才发现自己帮忙收集的过时信息的确派不上任何用场。

没有站在领导的高度仔细了解任务的前因后果和来龙去脉，就匆忙展开自己的工作，辛苦了半天却发现所做的工作毫无用处，甚至与领导的要求南辕北辙，这是"桔子"们最大的失败和悲哀。

建立全局思维，站在领导的角度看待问题，可以从以下几个方面加以考虑：

- 这项任务的大背景和目的是什么？
- 领导布置给你的这部分工作与总体目标的关系是什么？
- 领导考虑得是否全面，是否还有遗漏的地方？
- 有没有更好的工作方向和方法？
- 为达到大目标，其他部分该如何配合？

❷ 搞定人和事的"填坑力"

不少人缺乏这种能力，当他们完不成一项任务或工作的时候，会找出各种各样的理由来搪塞，比如找不到联系人、对方一直没回复、别人不配合等，总之不是自己的问题，都是别人的问题。

这些理由在他们自己看来言之凿凿，但在领导眼里一文不值，而且还会给你扣上消极怠工的帽子。那么该如何搞定工作中的人和事呢？

（1）积极主动，多想办法

除了一些非常简单的工作外，很多时候领导交办的任务不见得马上就有解决方案，而领导也没那么多时间跟你掰开揉碎了详细解释。你更不可能做一步问一步，否则只是在不断提醒领导你的工作能力有多差而已。

此时就需要你开拓思维，主动想出多种解决方法，而不能只想出和依赖一种方法，因为万一这种方法不奏效，你只能束手无策，到时会相当被动。

（2）善于利用团队而非单打独斗

很多时候，一项任务的完成不能依赖于一个人，需要协调多个部门和同事共同完成。这时你遇到别人没时间、不配合都很正常，因为这个任务是你的，而不是他们的。但如果你就此放弃，并以此为理由回复领导，领导嘴上可能不说什么，但他绝不会就此放弃这项任务，而会将这项任务交给其他能干的人，转而把你"打入冷宫"。

相反，如果这时你能发挥个人影响力，调动他人合作的积极性，用双赢的心态彼此协助，最终完成任务，那你看到的就是领导会心的微笑。

（3）注重高质量的结果

很多人会经常忽略这一点，他们只关注自己做了多少工作、付出了多少辛苦，以为这就是完成了工作。至于效果如何、结果怎么样，就不太关心了。

其实，任何一个领导或组织更关心的是结果而非过程，尤其在一个高效的组织中，更强调结果导向。当你动用了公司的人力、资源和资金，却没把事办成，这种局面肯定是领导不愿意看到的。

因此，在执行任务的过程中要时刻提醒自己：这么做会有什么样的结果，与目标差距有多大，如何才能尽快达成目标，而不是陶醉于执行任务的过程本身。

❸ 及时汇报、总结和复盘

独当一面除了要积极主动地想办法，以及搞定工作中的人和事，还有一点格外重要，就是要懂得及时向领导汇报进展，并总结和复盘项目。

当一项任务不是一两天就能完成时，要学会定期向领导汇报进展。这样既可以让领导帮忙把握方向，又可以请领导提建议；当然，更重要的是让领导知道这个项目在可控范围内。

（1）汇报的内容

- 项目处于什么阶段：进行中、延误还是提前？
- 项目目前的阶段性成果是什么？
- 是否遇到困难？你的建议是什么？需要什么资源解决？
- 你的下一步计划和目标是什么？
- 请领导给出进一步的改善建议。

另外，当任务如期顺利结束时，要学会写一份总结报告交给领导，这样不仅可以展示你超强的归纳和总结能力，还可以提升领导对你的信任和好感度，在他心目中留下"任何工作交给你都让人格外放心"的好印象。

（2）复盘总结的内容

- 项目结果跟整体目标比，是 100% 完成、120% 完成还是 80% 完成？
- 导致结果与目标产生差距的关键原因是什么？
- 我们从中学到了哪些经验或教训？
- 下一次我们该如何规划和行动？

❹ 不能独当一面、得不到领导信赖，就无法得到提拔

相信你身边总有这样的人，他们要么只知道埋头苦干，从来不愿多想多观察；要么待人处事孤傲自大、目中无人，觉得完全没必要花心思和精力替领导想那么多；要么觉得自己就拿那么点工资，只要干好手头这点活儿，别的事跟自己无关。

这么想并这么做的人，恐怕永远也不会进入升职候选人名单，注定会被职场无情地抛弃。因为升职加薪的决定权不在你手里，而在领导和公司手里。不管你认为自己多么优秀，不能替领导分忧解难、将任务漂亮地完成，说得再多都无济于事。

让自己变得有价值、有能力独当一面，可能一开始你并不习惯也不擅长，没自信甚至有点恐惧，但一旦你有勇气开始尝试去做你害怕做的事，之后就会发现其实这些事没什么神秘和可怕的。

人生就是如此，没有人生来就成熟老到、处事不惊和游刃有余，谁都是在一次次的尝试中不断反省、学习和积累，才逐渐走向优秀和卓越的。这其中的关键就是你是否真正地开始行动并为此改变。

二、如何辨识和进入组织的核心圈？

被领导欣赏和认可，只是通往高阶之路的第一步，下一步，你就必须将视野放在全公司，看看有哪些人未来会帮到你。因此，你要先了解组织中的核心圈是怎么回事。

在组织中，一个公认的事实是所有下属围绕最高权力中心——总经理呈靶心似的同心圆分布，如图 3-1 所示。

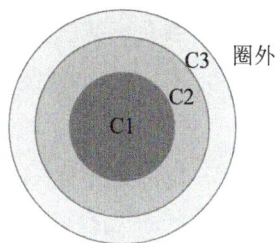

图 3-1　组织中的核心圈

距离中心最近的核心圈，我们称之为 C1 圈，通常由 3 ～ 5 个关键成员组成。他们直接向总经理汇报，成员彼此之间的关系非常亲近。C2 圈的人数更多一些，其中有的直接向总经理汇报，有的是 C1 圈核心成员的直接下属。

C3 圈包括除 C1 圈、C2 圈外的其他直接向总经理汇报的管理层，以及与总经理认识时间较长的员工。

圈外与总经理呈多个散点关系，基本被排除在权力圈之外。

❶ C1 圈：权力的核心

核心圈的成员通常包括人事、财务以及 2 ～ 3 个核心业务部门的负责人。总经理会就企业重大问题提前与这些人筹划、讨论并做决定。

如果进入这个圈子，说明你已经得到总经理的充分信任，能站在企业决策制高点，掌握着企业一手的机密信息。除参加由总经理召开的正式会议外，还经常有机会跟总经理进行非正式交流和沟通。你的价值在于协助总经理出谋划策、深入分析、贯彻实施和推动行动计划，是帮助总经理将其策略落地执行的不折不扣的行动派。

❷ C2 圈：核心圈的预备干部

如果现在你还没进入 C1 圈，处于 C2 圈，也不要紧。毕竟你已经在总经理的视线范围内，是 C1 圈的梯队队员和预备干部。当总经理想要扩大会议，希望参与决策的人数多一些的时候，你一定会被邀请进去，也就有机会表现和展示自己。这种场合不见得是很正式的会议，有可能是总经理与几个核心成员聊天时顺便叫上你，听听你的想法。

所以，C2 圈成员平时要多和 C1 圈的核心成员进行沟通。如果能多了解到公司高层的最新信息和动向，会为你在总经理面前展现自己和发表优质观点起到重要作用。

处在 C2 圈的人极有可能在未来进入 C1 圈，但一直留在 C2 圈也是一个不错的选择，因为不在核心圈，C2 圈承担的风险也会小一些。

❸ C3 圈：尴尬的位置

如果你处于 C3 圈，基本上和总经理之间保持着一定的距离，很少有非正式交流。你或许也有机会在正式会议上崭露头角，如果你的汇报逻辑清晰、观点明确、解决方案全面，也能给总经理留下好印象，但仅此而已。

与总经理之间，你总觉得少了些默契，多了层隔阂，好像总经理对你赞许的目光也仅仅停留在会议室里，出了会议室，你们即使碰面也是寒暄客套。你的这种直觉没错，因为你还没进入 C2 圈和 C1 圈，没有走进总经理的内心，所以无法获得总经理的真正信任。

在这种情况下，你能做的无非就是安心留在 C3 圈，或者想尽办法进入 C2 圈。

留在 C3 圈，你仍有机会在总经理面前及核心圈中保持曝光率，根据优异的业绩表现，你仍有可能获得高分评价，被称为业务能手。但与之伴随的是不明朗的晋级道路和比较弱的话语权。

想尽办法进入 C2 圈并不容易，要么有 C1 圈、C2 圈现有成员的提携，要么能直接得到总经理的青睐。但如果你已经成为 C1 圈、C2 圈成员的骨干或心腹，那你距离 C2 圈又近了一步。

❹ 圈外人："吃瓜群众"

圈外人，是公司永远的看客和所有决定的被通知者，即"吃瓜群众"。有时老员工会听到一些小道消息，没多久就得到验证，此时他们会误以为自己之所以能提前得知消息，是因为自己在公司有着深层的人际关系，所以才比其他人先知道。其实他们所谓的小道消息，早已在 C1 圈、C2 圈甚至 C3 圈广为人知，因为这些决定极有可能在几个月前就已经做出，老员工此时获知这些消息，不过是公司根据需要决定让圈中人开始非正式地向外传播，他们才有机会听到而已。说到底，他们只是核心圈的"圈外人"。

组织中无形的权力靶心图将人们分成三六九等，也印证着金字塔理论：上层和核心权力只能为小团体所拥有，而大众都是在权力的底层和外围，过着自认为光鲜亮丽其实只是为了多收三五斗的白领生活。

所以，在得到直接领导的认同后，你得有眼光和能力识别出公司中其他更有权力和影响力的人物，找机会多靠近他们并多和他们接触。只有通过他们进入核心圈并得到他们的支持和提携，你在组织中未来的发展才会更加如鱼得水，实现"阶层"的跃迁。

总　结

升迁只是早晚

在干好手头工作的同时，如果你总能从领导的思考角度出发，有能力独当一面并帮助其解决问题、节省时间、提高效率、快速出结果和业绩，那自然会获得领导的特别关注，并受到提拔和重用。

在此基础上，如果你能逐渐走出自己的小圈子，从组织中的外围有意识地接触具有影响力和话语权的人，渗透到权力核心区域，那么未来升迁到高阶职位一点都不难，只是早晚的事。

5

初为管理者，你需要知道这些事

走过职场 5 年，当你经过自己的奋力拼搏，晋升为团队主管或经理时，开心劲儿还没过去，你就发现挑战接二连三袭来，有点招架不住。

曾有调研公司公布如下数据。

- 60% 的职场人在晋升为团队领导后，会在一年后被评估为"绩效不佳"；

- 一线经理折损率达 40%，本来表现突出的明星员工在被提升为经理后反而开始频繁出问题，甚至饭碗不保。

说来奇怪，被提拔上来的都是优秀员工，为什么刚上任就表现不佳了呢？究其原因，主要体现在如下几方面。

- 不懂如何对下属进行授权；

- 无法完成从"做事"到"带人"的转变。

一、不懂授权，累死你也不冤

朋友笑笑从事人力资源（HR）工作，曾经对我抱怨每天都在加班，太累。我很诧异，因为她已经做到 HR 高级经理的位置，带领着一个 6

人团队；按理说，如果不是遇到特殊项目，出现时间压力大或者人手短缺、每天加班累到不行的情况，一定存在管理和效率上的问题。为了一探究竟，我们有了如下对话。

我：你自己加班还是整个团队加班？

笑笑：我自己啊，昨晚加班到 10 点多。

我：为什么只有你自己加班呢？

笑笑：这事只能我自己做啊，他们能力不行，交给他们我不放心。

我：你有试着让他们参与进来，帮你分担一些吗？

笑笑：有啊。还不如不让他们参与呢，什么都干不好，我还得返工，真是越帮越忙！

简单的对话，却足以管中窥豹。笑笑是从基层员工干起来的，熟悉工作的每个细节，热衷于亲力亲为。然而随着管理级别的提高以及团队的扩大，这样的管理者应该学会一个新的管理技能：授权。那么，授权到底是怎么回事？

❶ 什么是授权？

授权可以定义为"使某人有权代他人处理事务的行为"。根据《韦氏词典》中的定义，授权是：

- 委托他人做某事；
- 指派某人为另一人的代表；
- 分派任务或权利。

时间对每一个管理者而言都是稀缺的，尤其在竞争激烈的今天。作为一名管理者，要承担管理团队和达成业绩的重任，自己并没有足够的时间去完成所有必须做的工作；如果事事亲力亲为，必然会感觉时间永远不够用。

❷ 为什么要授权？

（1）可以使管理者将精力集中在战略性和规划性工作上

作为管理者，更应该在有限的时间内将自己的精力主要集中在做部门整体规划、培养员工能力、打造高效团队、整合跨部门资源以及制定战略性和方向性目标的工作上。这是管理者的主要价值所在。只有将事务性工作和特定项目授权给下属去做，才会将自己的一部分时间解放出来，从而创造更大的价值。

（2）培养和锻炼下属，提升其能力并建立其责任感

授权是对下属表示信任、给下属机会锻炼自己和展示能力的重要方式。每个员工都有无限潜能，只有充分调动和发挥每个人的积极性与主动性，才能促使其对工作产生归属感和责任感，对所分配工作的质量和进程形成担当意识。只有每个人的能力加强了，团队的整体水平才会提高，团队才更具有战斗力。

通过授权，管理者才能将精力集中在业务创新和调配资源上，而员工也会在此过程中实现自我价值，实现个人职业成长。

（3）授权的过程，是增强管理者和员工互动的过程

授权并不意味着管理者可以撒手不管，在一定的时间节点管理者仍需要检查下属的工作进展，并反馈改进建议。下属则会随之进行相应调整，并和管理者就细节进行深入讨论，在这个过程中经常会碰撞出不错的想法和方案。

彼此之间这种互动的加强，会使管理者对员工的强项和弱项看得更加清楚，对员工了解得更加深入，在对员工职业发展的指导上会更有的放矢。通过彼此磨合，员工对于管理者的要求与期望也会越来越明确和清晰，彼此的合作效率和满意度才会越来越高。

（4）如何进行授权？

管理者可以将复杂项目或工作任务拆分成几块，授权给几个下属形成项目小组，并委派一个人担任临时小组长，引导大家为了达成同一个目标而配合协作。这种方式能使更多的下属有机会接触更广、更深的业务内容，同时也能锻炼他们的团队合作和项目管理能力。

管理者也可以将某个项目或工作任务全权授权给一个下属独立完成，自己则给予方向上的指引和节点时间的检查。具体来说，管理者将项目或工作任务指派给团队中最具培养潜力的员工，这样不仅能锻炼该员工的能力，也为其他下属树立示范榜样，从而鼓励团队内部彼此分享和学习，达到共同提高的目的。

管理者还可以将跨部门协调项目授权给下属完成，或者将对外联络及总部协调的工作授权给能力相对较强的员工。

不懂得授权、不愿意授权甚至害怕授权给下属帮助自己共同完成部门工作的管理者，即使每天加班到很晚，也无助于团队建设、效率提高和价值创造。

二、如何完成从"做事"到"带人"的转变？

很多明星员工成为经理之后，无法摆脱当初的明星光环，总觉得下属工作不认真、活干得不好，忍不住批评他们。他们忘了，在工作中每个人都需要被激励、需要成就感，不管是曾经的自己还是现在的下属。能否顺利完成从"做事"到"带人"的角色转变，考验着一个新晋经理是否能够适应新岗位。

如果你的下属不知道"我在做什么""为什么做""我能得到什么"，上班只是混日子领工资，那么恭喜你，你能留住的员工都是那些没有高价值的人。

作为经理，只有充分了解下属，让他们"人尽其才"，给他们激励，帮他们成功、获得成就感，整个团队才能成功，自己也才能成为一个合格的经理人和管理者。那么到底该怎么做呢？

❶ 避免事必躬亲

克制自己总想亲自上手的思想。想亲自上手，说明你自认为下属的能力都不如你，只有亲自做你才能放心。

其实，很多时候你只需要把总体思路、框架和要求向下属表达清楚，他们完全有能力做得很好；也许在细节上和你的想法不完全一致，那就权当给下属一定的发挥空间吧。

❷ 通过他人达成工作目标

新晋经理需要明白，管理是组织和协调其他人的工作活动，从而使他们有效率、有效果地完成工作。管理的本质，是通过他人的工作达到工作目标，和原来单打独斗是不一样的。

只有通过更少的投入获得更多的产出，使所从事的工作活动有助于达到工作目标，才能实现有效率、有效果的目的，而这才是管理者应该做的事情。

❸ 评估下属能力，安排合适的工作

新晋经理在安排工作的时候，应该对员工的能力有一个客观和清晰的认识，清楚哪种工作应该安排给什么水平的下属。这样才能做到"人尽其才"，提升团队整体的战斗力。

- 有能力、态度好的员工

  对策：要重用，给予更多机会。

- 态度很好但是能力不足的员工

  对策：给予更多的培训，提高其能力。

- 态度不好、能力差的员工

  对策：劝退。

- 态度不好、能力强的员工

  对策：要特别注意，因为他们能力强、可以带来好业绩，但又因为态度恶劣等，极有可能成为组织中的"定时炸弹"，随时"爆炸"。因此要为之制定有针对性的改善对策，如果其不能改善就劝退。

❹ 给下属试错的机会

每个人都会经历一个成长的阶段，新晋经理应多给下属一些试错的机会，让他们有成长的时间。想想当初稚嫩的你是经历了怎样的磨砺，一步步成长起来的。所以，除非是迫在眉睫的关键任务，平时还是要鼓励下属多尝试。

作为新晋经理、曾经的职场新人，回想当初领导并没有替你做所有的事情，那么今天的你也不应该替你的下属做所有的事情，给自己也给他人更多成长和锻炼的机会，才是聪明的管理者。

对下属的工作事事追求完美、件件苛刻要求，只能让自己处于不满和焦虑中。

❺ 懂得鼓励下属

不懂、不会、不愿调动团队成员的积极性，会导致团队士气低下、萎靡不振，进而失去存在感。殊不知，在一个团队里，存在感带来成就感，成就感带来凝聚力。

激励员工的手段包括精神鼓励和物质鼓励。写表扬邮件、当众表扬、邀请下属与高层一起用餐，都会让员工认识到自己的价值，增加其荣誉感；而升职、加薪、出国培训等，则会让下属深切地感受到领导对自己的认同，能在很大程度上起到正向激励的作用。

三、新上任，走好这几步

初为管理者，新晋经理难免有些担心自己不能胜任，其实这完全没有必要，因为上级既然提拔你，说明你有过人之处，所以要对自己有信心。

想要快速进入新晋经理的角色，要做好以下几个方面。

❶ 快速适应

新晋经理需要明白，当自己是普通员工时，公司考核的是个人业绩，而成为经理带领一个部门时，公司要考核的是整个团队的业绩。成为管理者后，团队才是至关重要的，因此提升整个团队的业绩是重中之重。转变思路，才能让你快速适应新角色。

❷ 稳定团队

不管你是"外来的和尚"还是内部提升，都要开始建立自己的威信和影响力。因为你处于领导的位置，大部分员工表面上会尊重你、给你面子，但如果他们心里对你不服气，消极怠工、有抵触情绪，就不利于团队业绩的提升，此时你就需要学会如何稳定团队。

要尽快凝聚这个团队中有影响力的员工，多创造一些让大家了解你的渠道和方式，尽快和大家熟悉起来。同时，你也要主动去适应团队，比如提前了解部门的业务现状、人员情况以及优劣势，从而尽快融入，赢得大家的支持和信任。对于那些不友好的成员，尽量用真心和耐心来感化他们，展现管理者宽广的胸怀。

❸ 注重沟通

新经理跟员工的沟通，不管是书面邮件、召开会议等正式形式，还是吃饭聊天时的非正式形式，都要建立在彼此尊重、换位思考的基础上，做到目的明确，表达清晰。

同时尽量避免被不同的观点或主观情绪等内外部的因素干扰，牢牢关注自己最初的沟通目的，并采取有效的方式和行为促进目标的达成，从而提高沟通的有效性。

新经理们要快速学习并及时总结和反思，学会高效沟通，把团队整合起来，在下属遇到困难时要多引导，不要手把手教，否则只会让自己忙得不可开交。

走出办公室，主动和大家交流，通过交谈获得需要的信息，广泛听取意见，集思广益，也是很不错的加强沟通的途径。

❹ **要学会管理原来的同事和朋友**

随着职位的上升，原来的同事可能变成了你现在的下属，这时务必要处理好这种关系的改变。变成了上下级关系后，双方之间原有的信任也将面临新的考验。作为新经理，要做好心理准备，在新关系中，与下属的关系可能不如之前平级关系时那样亲密。

同时，还要多关注那些曾跟你竞争同一个经理职位但落选的人，他们心里很可能对你并不服气，你应该主动与他们改善关系，多请他们参与工作，多征询他们的建议，表示你的尊重和信任，从而提升他们对你的信任度。

总　结

能否快速适应新环境，是衡量经理人成熟与否的标志

作为新晋经理，如果你能和员工形成积极互动的关系，不仅可以加强彼此的了解和沟通，还会帮助你快速抓住工作中的关键和核心点。和员工交流时，你不妨向他们提出以下问题。

- 如何才能使你的工作做得更好，你需要哪些条件？

- 你愿意在什么事情上花更多的时间和精力？这件事情对我们部门和客户有什么帮助？

- 对于部门的工作，你有什么建议？

- 你尽力而为了吗，如何才能尽力而为？

- 如果你处于我的位置，你会采取什么措施来提高团队的凝聚力和工作效率？

- 怎样做才能使我们成为公司里最优秀的部门？

此时的你，不仅要适应角色的转变，还要面对部门的业绩压力等。如果对新环境畏惧，它就会成为你前进的阻碍；反之，如果以积极和自信的心态面对挑战，它就会成为你前进的助力，不仅能帮你顺利完成新岗位的过渡，还会助你迈向更高的管理层。

能否快速适应新环境，是衡量经理人成熟与否的重要标志。愿你成为那个成熟而合格的新经理。

6

年近30岁，请务必警惕这3种思维

进入职场5年多、年近30岁的你，特别容易受到这样一些负面思维的影响，比如混日子、自暴自弃、浮躁不安分等。

一旦认同并践行这样的思维，你就会停止努力，得过且过、敷衍了事，最后误了工作，毁了自己。

了解这些负面思维的表现形式、根源和危害，就会让你多加防范和警惕，迅速远离和摈弃它们，让自己步入积极向上和主动求变的良性发展道路。

一、混日子，最终被日子混了

公司前一段时间辞退了William，理由一点都不特别，就是因为他绩效差、适应不了快节奏，说白了，就是不出活儿。William是老员工，他从来不加班，在部门最忙的时候，依然我行我素，休两周年假去旅行，对于领导交代的任务也总是拖延应付。

公司在激烈的竞争环境下，要求各业务部门实现高速增长，落到员工头上，每个人面临的巨大压力和挑战可想而知。而William却不能适应这种新变化，还固守着以前的行为模式，不进取、不创新、不努力，被裁只是早晚的事。

职场中抱着混日子的心态得过且过的人，以为自己不争不抢、溜边沉底，就不会引起注意，混一天算一天。其实这完全是一种掩耳盗铃般的投机行为，下场一般会很惨。正如作家兰晓龙在《士兵突击》中写的："你现在混日子，小心将来日子混了你。"

❶ 什么是混日子？

有人说："什么叫混日子啊，大家每天不都是这样不停奔忙、维持生计吗？这就是现实生活啊！"其实不然，看起来同是上班，实则区别很大；而看起来都很忙碌，内在区别也很大。

有的人上班动力十足、目标明确，忙得有的放矢，每一天都在向自己的理想迈进，因而内心富足，生活充实；有的人上班迷茫彷徨、身心懈怠，忙了半天不见成果；有的人则做一天和尚撞一天钟，麻木而消极地对待工作，内心只有抱怨和牢骚，对现状从不满意。

显然，除了第一种人，后两种人都可以划入混日子的行列。混日子的本质是缺乏目标，得过且过，责任心淡漠，糊里糊涂地生活和工作。

❷ 混日子并不划算

在大公司混日子的大有人在，他们不好好工作，但因按月领工资，感觉自己占了公司很大便宜，其实他们完全算错了这笔账。

比如你年薪 12 万元，在公司混 10 年也就混了 120 万元，这对大公司来说简直是九牛一毛。然而这 10 年期间你每天瞎混，对工作敷衍了事，并没有成长，白白荒废了 10 年光阴，而时间是这个世上用钱也买不到的最稀缺的资源。

这其间如果有一天公司倒闭了，或者把你开除了，你该如何应对？

到时你就会突然发现，自己早已失去了在人才市场上的竞争优势，脆弱得不堪一击。

❸ 混日子有什么不好?

混日子有什么不好呢? 反正干多干少都一样，工资奖金没少发，为什么还要对自己要求那么高呢?

先不说我们得具备最基本的职业道德——自己干的活儿要对得起公司给的薪水，我们只从对自身好坏的角度来看看这么做有什么问题。

毕业之后，学习不单单是读课本，更需要在工作实践中通过跟不同的人打交道来不断获取新知识和积累经验。

比如领导交给你的工作，你可以随便应付，把它做到 60 分，在 3 个小时就能把活干完，剩余的时间就刷手机、闲聊、无所事事，然后每天机械重复。这样的你能有什么进步呢? 只是每天都在浪费宝贵的生命而已。

如果你对自己的要求不只停留在 60 分，而能用更有效率的方式取得更好的成果，争取 80 分、90 分，虽然会付出辛苦和精力，但你的能力也得到了真正的锻炼和提高。

最终你会发现，自己才是最大的受益人，所有花的工夫和努力，都内化成别人拿不走、只有自己才掌握了的核心能力。

❹ 提升能力是关键

反过来说，如果你真的不喜欢这家公司或者这个领导，每天早上起床后都把上班当作一种煎熬，那就立刻辞职，一分钟也别多待。因为每多待一分钟，你就多失去一分激情，多消耗一分斗志。

但如果你只不过是每天自己上演着精彩的内心戏，行动上没任何自信和勇气选择离开，那就管好自己的嘴，少说话、多做事，学知识、长本事，让自己成为"有资格成为无可代替，有能力闯荡山川湖海，有本事说'我可以好好留下，也可以任性告别'"的人。

二、警惕你的弱者思维

读者 Annie 留言，说无意中在招聘网站中发现本公司正在招聘一个职位，和她目前的岗位特别像，她因此怀疑公司正在找人准备替换她，自己不知道该怎么办。

我回复她："万一事情果真如此，那你就要提早做准备了，比如开始看看外面的机会。"

没想到 Annie 沮丧地说："我不明白，我这么努力地工作，为什么公司想换我？我哪里做错了，领导为什么不告诉我？我可以改啊！"

我劝 Annie："如果公司的招人行动已经开始，就说明公司已经想好了，而且并不想给你改进的机会，此时与其纠结和抱怨，还不如先行动。否则真的有一天公司突然让你走人，那时你连下家都没找到，岂不被动？"

我说的话似乎对 Annie 完全不起作用，她接着哭诉："公司这不是欺负人吗？我干了好几年，30 岁了，没有功劳也有苦劳，哪能说让我走就走呢？这没道理！"

我不想再浪费时间和 Annie 说下去，因为你永远无法叫醒一个装睡的人，对一个深受"弱者思维"影响的人，说再多励志的话都是枉然。

当我们审视周围那些事业有成的人，发现没有人是靠着"弱者思维"凄凄惨惨戚戚，得到被施舍的成功的。他们无一不是自我激励的高手，即使遭遇挫折也从不灰心丧气，而是迅速调整状态，复盘总结，义无反顾地重新出发，朝着目标继续前行。

❶ 弱者思维的表现

针对弱者思维的表现，知乎上有一条答案写得很实在：

- 孩子羡慕别人的时候

弱者思维：不要去跟别人比！你没法比得过，只能自己生气，何必呢？

- 择业的时候

弱者思维：什么都不重要，稳定最重要，"铁饭碗"最好。

- 择偶的时候

弱者思维：男的太优秀没有安全感／女的太漂亮看不上我，找个本分老实的就好，长相不能当饭吃。

- 想买东西的时候

弱者思维：那么贵！买那个东西有什么用？我都多少年舍不得买衣服，你还敢买那不能吃、不能穿的？

- 有争论的时候

弱者思维：你怎么能这么说？竟敢顶嘴？谁教你这么坏？真没良心！不懂事！不可理喻，白养你了！

以下这样的话你一定也听过。

- "不要妄想了，老老实实赚钱不挺好吗？"
- "梦想是小孩子说说的东西，长大了大家都要接受现实。"
- "你凭什么和别人争？你比不过别人的，踏踏实实干好你的事吧。"

所有这些话背后的潜台词就是：生活差不多就行了，无须有追求，不必有奢望，不能有反抗心；你没资格也没能力去追求美好的东西，要克制欲望，埋葬梦想。

这句潜台词打着过来人的旗号，仿佛在向人传授人生经验和处事哲学，其实不过是让你自认弱者身份，接受现状，向生活缴械投降。

❷ 弱者思维的核心理念：我弱我有理

稍加留意，你就会发现身边总有些人特别热衷于"哭穷"和"比惨"。

你准备在职考研，问同事要不要一起，没想到对方抱怨："我哪有条件考啊，晚上回家看娃，工作时间也无法看书，周末还要做家务，真的没时间看书复习啊！"

你不满现状，想要跳槽换工作，朋友听后说："我也不满现状，但有什么办法啊，没什么核心技能，又不会为人处事，学历和背景也一般，表达能力也不行，估计面试都通不过，还是在这儿先混着吧。"

善于哭穷和比惨的人的核心理念是"我弱我有理"，因为自认为比别人穷、比别人惨，所以可以冠冕堂皇、名正言顺地拒绝改变，放弃努力和奋斗来改变现状。

他们戴着一副批判的有色眼镜看着周遭优秀的人，从来不认为人家是靠个人能力和本事取得成功的，而一厢情愿地认为人家成功是因为人家"有资源"，或者"运气好"。

只要他们逮到一点蛛丝马迹，就开始大放厥词，比如："你看，我说嘛，这个人要是没有他老爸的资金支持，哪有机会创业啊！"其实被他嘲讽的人的爸爸是个普通工薪族。

这种被"哭穷"和"比惨"的弱者思维奴役的人，千方百计地证明自己没有成功，是因为缺乏成功的必备要素，比如运气、资金、出身等，唯独不承认自己又懒又馋、不够勤奋、不够努力、不够坚持。

三、提前退休思维的危害

年近 30 岁的朋友阿芬跟我抱怨工作压力太大，准备再干几年，到 40 岁就退休，回家养老。

我很诧异，"90后"的她，月薪过万元，前途一片大好，40岁不正该好好大干一场吗？要知道，40岁是一个人经验丰富、精力充沛、心理成熟的黄金年龄，阿芬却把它当作职业生涯的完结，这不是对生命的巨大浪费吗？

这让我想到生活中，很多时候当人们说自己完成了一件事，其实并非真的完成，而很可能是因为降低了标准，退而求其次，或者只求速度而忽略了质量。

阿芬的"40岁退休"思维，在我看来就是在该奋斗的年纪却想选择安逸。连宣称退休的马云，都不是真的要去养老，而是重返讲台当"马老师"，开启自己的教育事业。而我们又怎能满足现状，止步不前呢？

❶ 你认为的完成，是在降低自我要求

有一年公司准备年会，大家分成不同小组准备节目。我所在的2组，每次彩排大家都来去匆匆，虽然台词不熟、动作不到位，但最多彼此自嘲一番，没人把它当回事。

就在年会开始前的一天下午，我路过会议室时，无意中看到3组同事还在排练，我被他们生动的表情和投入的状态吸引，走过去打招呼，问他们为什么还在排练。

"好羡慕你们都排练完了，我们还早着呢，计划彩排到晚上，预演10次，现在才刚刚开始！"我听后，心里非常羞愧，我们所谓的"排练完"跟他们的标准，差得哪里是一星半点。

第二天的表演，3组的节目以其高质量的完成度，毫无悬念地成为全场最受欢迎的节目，而我深知这背后，是他们对自己严苛的要求和不折不扣的努力。

与此类似，下面的场景你是否熟悉？

○ 当你庆祝考试没有挂科、60分万岁的时候，你的室友已经开始默默准备考研、考托福、考注会；

- 当你跑步和节食并成功减重 2 公斤，正要重新大吃大喝时，你的邻居已经开始在练马甲线；

- 当领导给你的年度表现打 3 分（满分 5 分），你正为此心满意足时，你的同事却在向领导主动请缨，要求承担更有挑战性的工作，为明年冲刺 4 分做准备。

凡此种种，当我们降低对自己的要求，或者把目标仅定在自以为的极限时，我们庆祝的"完成"，不过是没有全力以赴状态下的应付而已。

相反，和你一同起跑的人，却在实现一个个小目标的基础上不断自我超越，奋力向前。他们深知，只有拼尽全力，才能发挥出最大的潜能，创造更大的可能。而你，是不是对自己太过"仁慈"，太过保守，太过迁就？

❷ 你认为的完成，只站在自己的角度

有一次，集团领导要来检查工作，我安排 Nancy 和 Lily 各负责准备一部分报告，并要求她们三天后提交初稿。Nancy 手脚麻利，第二天中午就得意地把她那部分报告交到了我手中。Nancy 的报告虽然排版流畅、数据翔实，但我扫了一眼，就知道这报告缺少了什么。

我担心 Lily 那边的进度，于是打电话，问她报告写得怎么样了。Lily 说："初稿已经完成，但我对比了您以前汇报的文件，发现我写的太专注细节的展示，并没有站在领导的高度和格局，不是大领导所希望看到的。我现在重新开始打磨，明天一定会发给您！"

原来 Lily 并非没有完成，而是发现没有经过提炼和总结要点的报告，根本不符合听众也就是集团领导的需求，所以宁可再花时间进行优化。

Nancy 虽然报告写得快，但只是从自我角度出发，完全没有考虑受众的需求，这正是她的报告所缺失的，也是她和 Lily 的差别所在。

职场上，小到完成一次汇报，大到承担一个项目，我们经常会因为单方面追求完成的速度而忽略了用户或客户的需求，在领导眼里，这样的完成就是不合格，从头到尾，你不过做了一场表演。

而如果每次你都能多问自己几句："用户怎么看？他们能看懂吗？能听懂吗？能理解吗？还有改进的空间吗？"你会发现离真正的"完成"不只是一步之遥。

❸ 你认为的完成，只是停止了向上成长

范范在外企做人力资源（HR）经理多年，工作稳定，待遇优厚，日子过得很滋润，是很多人羡慕的对象。但去年她却决定辞职离开，远赴英国读心理学硕士。人过三十，范范的这个决定，让周围的朋友无法理解。

大家都劝她：辞职去英国求学，过几年回来，国内就业形势完全无法预料，是不是风险太大？不离职的话，下一步可以争取升职，就算不升职，过着旱涝保收和岁月静好的日子，夫复何求呢？

范范听后，认真地说："这个决定我经过了深思熟虑，不是一时冲动。大公司的稳定虽然能给人安全感，但也会让人产生惰性，让你失去对外界的敏感和好奇，而这才是最让我害怕和担心的。"我佩服范范的勇气，也理解她的决定。

在 30 多岁决定离开，她绝不是放弃或退缩，而是想通过进修来提升自己的视野、见识和格局，为未来创造新的发展机会，心理学无疑是和 HR 实践结合最紧密的学科，是她最合适的选择。

在有些人眼里，范范稳定又高收入的工作，已经是很多人为之奋斗的目标，能够达到她的位置，对于很多人而言就已完成了职业生涯的使命。然而范范不这么想，她以别人眼里的"完成"为起点，鼓足勇气，主动求变，寻求自我突破，换个赛道继续成长。

央视原主持人张泉灵在 2015 年决定离开工作了 18 年的央视，转做

投资人。她说:"我要跳出去的鱼缸,不是央视,不是体制,而是我已经在慢慢凝固的思维模式……今后,我的身份不再是央视主持人,因为生命的后半段,我想重来一次。"

央视的光环并没有让张泉灵把它当作终点。人到中年的她,选择了冲破束缚,跨行转型,再次出发。

不管你是否决定离开熟悉的环境,都不要因为安逸而忘记了自己当初为什么出发。过早地放弃心中的梦想而碌碌无为,是否太过可惜?

40岁,当"阿芬"们觉得拼搏生涯已结束时,另一些人却选择了在40岁重新出发。他们带着前所未有的好奇心和激情,进入新领域,学习新技能,接受新挑战。在他们眼里,没有什么"来不及"或"太晚了",他们认为人生的第二程才刚刚开始。

你所谓的完成,不过是别人的开始;你所谓的极限,不过是别人的起点。今天的你,要问问自己是否真的用尽全力,是否发挥了全部潜能,是否还可以让人生过得更精彩、更有趣?

总 结

不过油腻而无趣的一生

通向成功之路的确由很多要素组成,比如明确的目标和方向、坚持不懈的恒心和毅力,以及那么一点运气和机会。

但如果你缺乏强大的内心力量,缺乏不甘平庸和改变现状的勇气,抱着混日子的态度,以"弱者"姿态自居,还没开始就知难而退和畏缩不前,刚开始奋斗就想着早点退休、"安度晚年",那你听过再多的干货和心灵鸡汤都没有用,最后不过是将自己的人生过成油腻而无趣的一辈子。

而我知道,你并不想这样。

第四章

『过来人』都不会告诉你的职场心法

1

进入职场多年，我才知道的那些"坑"

进入职场多年，告别了青涩和稚嫩，你不再是初出茅庐的职场新人，一路打拼过来，积累了经验，也收获了成长。

但和那些优秀的同事比，你觉得能力提升的空间好像已经不大，于是产生了新的困惑和烦恼：如何才能让自己变得更加成熟和理性？如何才能让自己的职场发展之路越走越顺？

别着急，这一节我特别总结了职场中 20 个曾让人遭遇尴尬、难堪、挫折和失败的坑，以及务实而有效的应对策略和方法，相信一定会帮你少走弯路、快速提升和成长。

一、以为自己进入职场就会被委以重任

结果却发现：

不懂职场规则，经常发懵，领导对你完成的工作和任务常常不满意，连基础性和辅助性的工作都没干好，哪里还会轮到你去负责重要的项目？你不知道什么时候才能熬出头，什么时候能如愿获得提拔。

这么想和做就对了：

初入职场，每个人都是企业中一颗普通的螺丝钉，没有突出的业绩，怎么能让人对你刮目相看？焦虑和急躁起不到任何作用，只有脚踏实地、虚心学习，用实力和成果证明自己，才会获得更多机会。

二、以为不需要刻意和同事搞好关系

结果却发现：

由于自己喜欢单打独斗，群众关系薄弱，因此不受重视、人缘差，工作上很难得到必要的支持和资源，干什么都吃力费劲，没人愿意帮你。

这么想和做就对了：

公司强调团队合作，和同事相处，不仅要在工作上紧密配合，也要在日常保持友好关系，因此要有意识地建立人际网络，拓展交际范围，更要注重和维护跨部门之间的良好关系。

别总是在意一时的得失、斤斤计较，要多帮助别人、予人方便，这样等自己需要支持的时候，别人才会义无反顾地对你施以援手。

三、以为自己的想法是独一无二、最有价值的

结果却发现：

自己的想法经常脱离实际，受到同事的嘲笑，领导也经常对你的提议皱眉头。你本来想得到表扬，结果总是适得其反。

这么想和做就对了：

你所谓的"好想法"其实是照搬书本上的理论，实践中有很多制约条件是你无法理解和预估的，所以不要好高骛远、对谁都瞧不起或看不上，要多观察、学习和论证，然后虚心向过来人请教，不断积累实战经验。

四、以为只要好好干，就会被提拔

结果却发现：

没有主动争取机会，在领导面前存在感很弱，每逢升职加薪领导从不会想到你，你发现干再多的活儿似乎都没用。

这么想和做就对了：

好好工作的同时，更要学会主动展示自己，首先要让自己"被看见"，增加曝光度，然后才能"被认可"。如果领导都不知道你是谁，又何谈对你的信任和欣赏呢？不能坐等机会，要主动争取，甚至创造机会。

五、被动等待领导安排工作

结果却发现：

对领导没安排的工作就理所应当认为不用做，因为你总觉得没有必要做或想不到怎么做。如此便会导致你独立工作的能力变差，给领导创造的价值过低，自然无法得到领导的真正信赖。

这么想和做就对了：

学会站在领导的角度考虑问题——该怎么做才能有更好的效果和业绩？不要局限于领导交办的任务本身，要主动积极思考，为领导多想一步。

锻炼独当一面的能力，具备随时为领导"填坑"的意识，帮领导把事办成，替领导分忧解难，是区分一个下属是普通员工还是优秀员工的重要标准。

六、没有自信，很多事情还是不懂

结果却发现：

虽步入职场多年，却一直把自己当新人看待，还总想要求别人包容自己。结果在工作中，干什么都拎不清、听不懂，糊里糊涂度日。

这么想和做就对了：

新入职场时，很多东西一开始不懂没关系，要在工作中多学习、多观察，用心总结和积累经验，但不走心、不动脑，总说不懂就是你的错了。

优秀的人都是在工作中学习，边学习边工作，不断成长和进步的。不轻易说不会、不懂、不行。不然，时间长了，大家就只能把你当作"跑腿打杂"的人对待。

七、急于买房买车，并为之焦虑不安

结果却发现：

眼高手低，不安心和踏实工作，这山望着那山高，老想挣大钱或一夜暴富，终日焦虑烦躁，工资也没怎么增长。

这么想和做就对了：

焦虑不能改变任何现状，没能力、没本事，怎么可能挣到大钱？年轻时最重要的是找到好平台，抓住机会，迅速锻炼自己，提升自己的竞争力，让自己增值。

八、进入大企业，以为进入保险柜，可以干到退休

结果却发现：

周围那些混日子、得过且过的人一直在原地踏步，没有提升，新来

的领导都比他们年龄小，这些自以为可以干到退休的人，其实分分钟有被解雇的风险和可能。

这么想和做就对了：

从来没有什么人能保证你永远稳定，任何时候都不要寄希望于别人和公司，最靠得住的就是自己。保持对外部世界的新鲜感和敏感度，让自己在变动的世界中充满活力，有本事的人总能以不变应万变。

九、因为不满意公司和领导，轻易辞职

结果却发现：

换了工作，是从一个平台跳到了相似的另一个平台，之前碰到的"窝心事"再度出现，因此非常迷茫和苦恼，失去方向和动力。

这么想和做就对了：

不要总想着改变周围的人，要学会适应环境，适当调整自己，找到一个平衡点。很多时候，如果能客观和理性地看待别人的批评，吸取其中有用的建议，对自己的成长非常有帮助。

十、对工作成果的质量要求过低

结果却发现：

任务仓促完成，质量却不尽如人意，无法令领导满意，长此以往，领导就会把自己放入"绩效待改进名单"。

这么想和做就对了：

虽然工作是领导分配的，但是做出什么样子只能靠自己。工作的过程就是长知识和长本事的过程，只有不断对自己提出新要求和高目标，才会倒逼自己不断学习和改进，能力也才能随之提高。

十一、以为沟通能力较差没什么大不了

结果却发现：

因为缺乏倾听能力，而没有真正理解他人的要求或需求；因为缺乏表达能力，而不能将自己的观点和信息准确传递；因为缺乏日常沟通，而无法获得其他同事的资源和支持。总之，因为沟通能力差，到头来一样工作都没干好。

这么想和做就对了：

沟通是做好一切工作的前提，要善于倾听，勇于表达，主动交流。既要学会如何和跨部门同事沟通，共同完成项目，更要学会和领导高效沟通，了解领导的思维和行事方式，帮助领导分忧解难。

十二、喜怒哀乐挂在脸上，容易冲动

结果却发现：

过于情绪化，经常得罪人而不自知，被同事和领导认为一直长不大、不够成熟，难以委以重任。

这么想和做就对了：

善于控制自己的情绪是一个人走向成熟的重要标志。情绪化对问题的解决没有一点帮助，还会适得其反。那些被提拔的人都有一个共同的优点：遇事沉着冷静，不轻易发怒。

十三、不重视汇报和表达能力

结果却发现：

说话没有重点，逻辑不清，啰唆冗长，领导听了非常头疼，对你的

汇报毫无兴趣。比如年终评估时，本来你的工作业绩可以打 90 分，但被自己"说"成了 60 分。

这么想和做就对了：

会说话，要比默默无闻地努力更重要；我们不仅要干得好，更要说得好，能主动和恰当地展示自己的工作成果，是一种重要的本事和能力。

十四、经常熬夜，早上起不来

结果却发现：

因为来不及吃早餐，胃肠出现问题；每天精神萎靡不振，效率低下，无法集中精力，同事和领导的话没听进去，导致工作时丢三落四。

这么想和做就对了：

熬夜熬的是时间，损害的是身体，透支的是精力和生命，所以不要超过 11 点上床。早睡早起的做法很不错，它和熬夜得到的供支配的时间差不多，但是晨起对身体更好、效率更高。

十五、失去对世界快速变化的敏感度

结果却发现：

活动半径越来越小，人际交往越来越少，每天只关心公司和行业的那点事，主动接触外部新趋势、新知识和新领域的动力下降，敏感度降低，感觉和社会越来越脱节。

这么想和做就对了：

外面的世界仍然精彩纷呈，外面的机会也无处不在。自我封闭，也就阻隔了和这个世界的连接。表面过着与世无争的日子，其实危机四伏，在变化无处不在的今天，你只有拼命奔跑，才能让自己留在原地，何况当你停止了奔跑呢？

十六、深度看的书越来越少

结果却发现：

习惯了快餐式阅读，脑子越来越懒，任何一本稍微有点理论的书都看不下去，深度思考能力也越来越弱。

这么想和做就对了：

在多屏和碎片化阅读的时代，好好阅读一本经典书一点都不过时。因为书通过系统化结构，能帮助我们了解一门知识的来龙去脉，帮助我们搭建结构化思维，进行深入思考。所以，制订切实可行的读书计划是每一个人都应该做的。

十七、体重持续增加

结果却发现：

身材走形，衣服的尺寸不断攀升，形象管理越来越差，迅速向"中年油腻"的形象靠拢。

这么想和做就对了：

管理不好自己的身材就管理不好人生。保持良好的身材和积极的精神面貌，整个人无形中就会充满自信，活力四射，你能获得的机会也在不知不觉中增加了。

十八、以为工作后不用学英语了

结果却发现：

碰到要说英语的场合，不仅张不开嘴，读和写也有很大问题：干着急却说不出来，外文资料看不懂，出国旅行全靠手势。一份眼看就要到手的 offer，就是因为英语面试没过关最终被拒。

这么想和做就对了：

英语是一门让你眼界更宽、帮你打开世界之门的工具和钥匙，没有掌握它，你当然也可以过得不错，但是掌握了它，你会看到更加精彩的世界，也可能收获更好的机会。

十九、对学历和资格考试的热情降低

结果却发现：

面对激烈的人才竞争，你除了一纸本科文凭，什么都没有。你以为出了校门、找到工作，就万事俱备，根本就没想过再捧起书本，结果发现知识和经验都需要更新换代，而你的竞争力在不断下降，很快沦至边缘地带。

这么想和做就对了：

学无止境，这不仅适用于课堂，更适用于职场和社会。人不用则废，不学习，固化的不仅是脑子，更是心灵。失去对知识的渴望，不仅会让自己的思维受限，更会对一切新事物产生排斥，让自己渐渐变成井底之蛙，所以要尽可能参加一些含金量高的资格考试，让自己的知识不断迭代，技能不断提升。

二十、花在网购、打游戏和追剧上的时间过长

结果却发现：

这些只是浪费了时间和生命，虽然获得了暂时的欢愉，却陷入了深

深的焦虑和自责；然后为了麻痹自己，继续陷入这种恶性循环，无法解脱。

这么想和做就对了：

你在什么地方投入时间和精力，就会收获到什么。把时间用于消遣，收获的是空虚、寂寞和麻木；而把时间用于自我提升和成长，你收获的则是进步、成功和喜悦。

总 结

从现在开始改变，一切还不晚

相信不少人都踩过上述的一些坑，而现在不仅是时候对走过的路进行回顾、检讨和反思，也是决定一个人在未来的职场之路到底能走多远的关键节点。

糊涂的人从失败中看不到自己的不足和狭隘，还经常怨天尤人，从不自省，在平庸中混沌度日；聪明的人则学会从失败中获得经验和教训，再经过总结和提炼，在以后的工作中调整和改变，不断走向优秀和卓越。

没错，从现在开始改变，一切还不晚，愿你就是那个聪明人。

2

不知道领导是什么性格，还谈什么提拔和重用？

当感情出现矛盾和问题的时候，大多数人会归因于双方性格不合，双方总是苦于无法了解对方的想法或满足对方的需求，从而导致双方失去共同语言，越来越难以实现有效沟通。这样的感情状态到最后要么是勉强维持，要么是干脆分手。

而在职场上，跟领导和同事打交道时，道理又何尝不是如此？不了解彼此的性格和特点，不懂如何处理和应对双方的差异性，就会产生如下困扰。

- 每次向领导汇报工作，心里都没底，感觉领导就喜欢挑剔，不知道这一次会不会又挨骂。

- 你想跟领导确认一件事，就是要个答案，可是他面容和蔼，就是不说行还是不行。

- 你对数字不敏感，偏偏领导就喜欢揪着细节问个没完没了，搞得你很崩溃。

- 你性格安静内向，领导却是个爱热闹、爱玩的人，经常拉着同事下班聚餐，你心里不想去，又不敢得罪领导，左右为难。

- 领导一找你谈工作，你就感觉很紧张，很多事情领导都不直接说，让人绞尽脑汁去揣摩他的心思。你不知道领导到底想要什么，所以会经常说错话或办错事。

最初在遇到不同风格和特点的领导时，我也经常感觉难以捉摸、手足无措，无法做到有效沟通，更谈不上被领导欣赏和认可。

后来在经过系统学习 DISC 性格分析知识，并结合大量工作实践后，我主动调整了和领导的沟通方式和相处策略，在调整过程中我自己并不觉得难受。相反，我惊讶地发现工作热情被重新点燃，工作效率大幅提高。最为关键的是，我和领导的关系变得更加融洽，沟通过程更为高效。

一、什么是 DISC 模型

要了解领导，首先就要从领导是什么样的人、具备什么样的性格特点开始分析。研究这些的目的不是让你学会迎合奉承，而是能根据领导的言语、行为特点和处事风格，对自己的行为和沟通方式进行有针对性的调整，最终的目的是实现彼此的高效沟通，提高工作效率，使上下级关系进一步融洽，从而助你获得职场上的快速成长。

目前关于性格和心理测试应用非常广泛的当属 DISC 模型。

DISC 最早的行为模型是生理心理学家威廉·莫尔顿·马斯顿（William Moulton Marston）在《常人之情绪》（*Emotions of Normal People*）中提出的。随后这个理论在 20 世纪 40 年代被工业心理学家瓦尔特·克拉克（Walter Vernon Clarke）发展成为行为评估工具，并于 1972 年正式开始进入工作场所，至今已有超过 5 000 万人使用。DISC 随着研究的进步不断更新了各种测评版本。

其中 DISC 最新 4 个类型的分类及字母含义如下。

- D 代表 Dominance（支配型）；
- I 代表 influence（影响型）；

- S 代表 Steadiness（稳健型）；
- C 代表 Conscientiousness（谨慎型）。

如图 4-1 所示，横轴是从思维维度看，把人分为目标任务导向型和人际关系导向型；纵轴是从情感维度看，把人分为内向型和外向型。

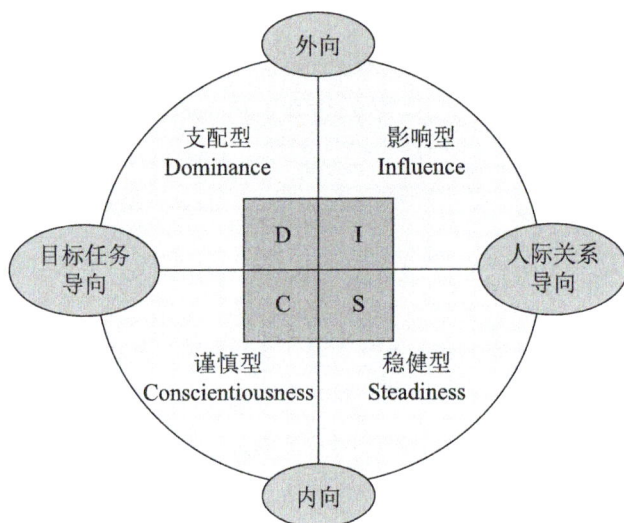

图 4-1　DISC 模型

从思维维度来看，目标任务导向型就是以工作结果为导向，以任务内容为中心，做事雷厉风行，效率高，有热情；不足之处是过于关注工作或任务本身，对人的重视不够，很难让下属感到被关怀。人际关系导向型则以发展人际关系为主，通常人缘好，善于为别人考虑，重视别人感受，并能影响别人。从图 4-1 可以看到，D 型和 C 型是目标任务导向型，I 型和 S 型是人际关系导向型。

从情感维度看，D 型和 I 型往往是偏外向的，比较主动；而 S 型和 C 型往往是偏内向的，比较被动。

为了更直观地认识这 4 种典型性格的特征，我们为之贴上如下标签。

- 支配型（D 型）：结果导向者。
- 影响型（I 型）：乐观的社交者。
- 稳健型（S 型）：和平主义者。
- 谨慎型（C 型）：秩序维护者。

虽然性格有以上划分，但很多领导会兼具以上 4 种性格特质，只是每种性格特质所占比重不同，因而整体性格会呈现为较高占比的性格特质。

二、4 种性格类型的行为特点

下面我们就来看看这 4 种性格类型各自的行为特点。

❶D 型（目标任务导向＋外向）是支配型，或者控制型

这样的领导喜欢控制和支配，具有全局观、非常自信、说话直接、目的明确、强调结果。他们虽然不会轻易认错，但当他意识到自己的错误时，会想尽办法进行弥补和修正。

- 行为倾向：获得快速的结果。
- 采取行动：挑战自我与他人。
- 激励因素：权力、竞争、胜利、成功。

❷I 型（人际关系导向＋外向）是影响型，或者活泼型

这样的领导爱幻想、情绪多变、表现欲强、善于表达，擅长激励、影响和说服别人。他们喜欢自我表现，注重人际关系、希望成为大家关注的焦点。

- 行为倾向：热情开放。
- 采取行动：倡导协作。
- 激励因素：认可、团队活动、关系友好融洽。

❸ S型（人际关系导向 + 内向）是稳健型

这样的领导有耐心和同情心、说话柔和、谦虚忍让，遵循旁观者清的原则，比较中立。

● 行为倾向：保持稳定、给予支持。

● 采取行动：喜欢协作。

● 激励因素：环境稳定、被感谢、邀请合作、互相帮助。

❹ C型（目标任务导向 + 内向）是谨慎型，或者思考型

这样的领导善于计划、谨慎小心、追求专业、关注质量、注重细节。他们常常会问为什么，并缺少变通。

● 行为倾向：准确性、稳定性，对假设进行质疑、挑战。

● 采取行动：喜欢独立。

● 激励因素：获取新知识、展示专业能力、关注工作质量。

图 4-2 用 4 个动物形象地展示了 DISC 4 种性格类型的不同特质和鲜明个性。

图 4-2　DISC 所对应的动物形象

三、针对不同性格类型的领导的应对策略

领导没有理由也没有义务来适应下属，而下属要想和领导和睦相处、顺利开展工作，并且在未来获得升职或加薪，就必须改变自己，去适应领导的风格。

如果你的领导呈现出了 DISC 模型中比较明显的一种人格特质，和他相处就可以采用如下应对策略。

❶ 针对 D 型领导

（1）D 型领导的典型句式

- "结果呢？"
- "成果是什么？"
- "下一步的行动是什么？"
- "我们的目标是什么？"
- "应该如何做呢？"

你是不是很熟悉这些问话？此时你的回答必须干脆利落，直击要点，但注意不要给领导造成压迫感，不要挑战他的权威，不要和他聊家常、套近乎。

D 型领导抗压能力较强，行为作风强悍，会给下属很大的压迫感，如果你轻易就被他这种风格所震慑，无法适应并产生排斥的心态，那对你工作的开展相当不利。因为心理上抗拒自然无法带来高质量的工作成果，而活儿干不好，你的领导当然就更不重视你，长期如此就会陷入恶性循环。

遇到这样的领导，可以稍微多一点耐性来接受他的快节奏和高压风格，优质高效地完成工作，汇报要简明扼要、切中要害，把决策权和主导权交给领导，领导就会觉得你特别懂他，和你合作特别舒服。

（2）应对策略

D 型领导对下属的认同并非通过语言来表示，而是在对工作任务的布置和安排上：对他越认可的人，安排的工作越多，当然，如果结果让他不满意，他也会批评得更多。

这就是为什么我们会看到身边有些人一天到晚很忙，因为领导不停地给他们安排工作；而另一些人则很闲，因为领导不信任他们，交给他们的工作不放心，为了提高效率，于是领导就倾向于把工作交给他使得惯的人。

如果你不了解 D 型领导的这种特点，就会天天叫累叫苦，而如果有一天领导突然真的不给你安排工作了，千万别得意，以为终于可以解脱了，那分明是你"失宠"的信号。

应对策略要点：

- 尊重和服从；
- 直截了当，就事论事，高质量完成工作；
- 让领导做选择题或判断题，给他主导权；
- 让领导随时掌握工作或项目的进度；
- 通过展现出你的能力，获得领导的认可。

❷ 针对 I 型领导

（1）I 型领导的典型句式

- "那就靠你了。"
- "多亏了你。"
- "我们可以做到。"

I 型领导需要更多的尊重和认同，不能对他们冷淡相对、公事公办、不讲人情，他们喜欢团队合作而不是独立工作。他们很关注人，会给下属有亲和力、易沟通、重视人的感觉，但其实他们更关注的是自己的需求。

比如说：我今天的穿搭是否得体，我说的话你们有没有听……I 型领导关注的焦点只有他们自己，绝不能忍受别人漠视他，或者不给他反馈，任何时候他都要成为最受欢迎的人。

（2）应对策略

和 D 型领导相比，I 型领导抗压能力较弱，一旦遇到挫折或失败，很容易心灰意冷，且 I 型领导情绪易起伏，缺乏安全感，所以下属要随时体会到这种变化，并能够不断鼓励和认可他，成为他可靠的伙伴。

同时，I 型领导很有激情，容易兴奋，但因为过于关注人（不管是自己还是他人）而容易忽略事情本身，不注重细节，易形成"喊口号，不落地"的局面，从而会失去公信力。

当你与其持不同意见时，D 型领导因为具有较强的掌控感，一般不好说服，但 I 型领导不同，你只要对他表示强烈的认同和理解，让他找到存在感，即使他的想法不被下属接受和认同，他也不会生气或发怒。记住，只要积极地回应他并给予正面认同，如经常表示他很好、有深度，并为之鼓掌，他就非常开心。

因为 I 型领导一般会给予比较宽松的工作环境，所以和 I 型领导比较好的配合方式是你有自己的想法和较强的执行力，这样你就可以尝试多种方案和可能性，只要及时将进展或结果反馈给他，同时照顾他的情绪变化，他会把你当成得力助手。这种彼此互补带来的好处，就是在未来升职加薪机会来临时，他能第一时间就想到你。

应对策略要点：

- 尊重，认同；
- 忠诚，可靠；
- 建立和培养交情；
- 在公开场合要认可领导的贡献。

❸ 针对 S 型领导

（1）S 型领导的典型句式

- "你觉得怎么样？"

- "别人怎么看这个问题？"

- "我们再问问其他人的想法吧。"

S 型领导为人随和、性情温和、关心他人、善于倾听，做起事来慢条斯里、优柔寡断、节奏缓和，但比较没有原则。他们不喜欢突发变化、直面冲突，也不喜欢自己做决定，因此作为下属，可以帮他们一起做决定。

他们会经常问你工作中有没有遇到问题、需不需要协助，是出了名的老好人、调和矛盾的一把好手，大家都很喜欢他们。他们很有耐心和同情心，乐于助人，崇尚一团和气。和 D 型、I 型领导相比，S 型领导最注重下属感受，很少要求下属。

但是因为 S 型领导太爱和平，避免矛盾和冲突，所以往往以牺牲自己部门的利益来换取和平局面，从而压抑自己内心真正的想法，凡事差不多就行，当下属因此遭受委屈时，会滋生很大的负面情绪。

（2）应对策略

S 型领导做事方法具有精确、稳定和逻辑性强的特点，他们非常理性，崇尚稳定，尊重程序且具有持久性。但正因为如此，有时会显得过于死板和僵化，缺乏创新，因此下属需要相对灵活，有更多的想法，这样就可以和 S 型领导形成优势互补。

因此，和 S 型领导打交道时，遇到问题要主动沟通，分析利弊，问他是怎么想的，给他时间表达出真实的意愿，让领导感觉到你对他的关心，协助他一起做决定，并帮助他落地执行，迅速拿出工作成果，主动替他面对人际交流，他会非常感激你，你自然会很快获得他的信任和支持。

应对策略要点：

- 协助领导一起做决定并执行；
- 多肯定和感谢他的无私及其对团队的贡献；
- 运用温暖的话语和温馨的相处方式。

❹ 针对 C 型领导

（1）C 型领导的典型句式

- "给我一个理由。"
- "这个数据准确吗？"
- "你为什么这么说？"
- "背后的原因是什么？"

C 型领导专业能力很强，做事严谨、可靠，不喜欢泛泛而谈，他们注重细节，如果你无法把细节说清楚，也没有清晰的目标，就会使他们没有安全感。

C 型领导对上专业可靠，对下严肃冷漠，你既无法在工作上糊弄他，更不可能和他在感情上套近乎，除非你比他逻辑还严谨、对细节还讲究。

C 型领导对细节和精确的追求几近完美和极致，甚至到了严苛的程度，不仅对自己，对下属也同样如此，所以下属在提交工作结果的时候，需要收集大量数据，经过无数次论证以做到万无一失，否则提交上的报告被 C 型领导发现差错和纰漏，就会遭到批评，被打回重做。

（2）应对策略

和 S 型领导相比，C 型领导相当严肃，他们非常讲究程序和规则，凡事都喜欢问理由，而且经常不断追问，一连串发问，常常令下属被问得几近崩溃，本来清晰的思路和专业自信都被击得粉碎，令人无地自容。当然，如果你为了最后一搏，用"我觉得"这样的回答试图蒙混过关，那他是绝对不能接受的。

跟着 C 型领导虽然很累,但对于职场新手来说,是非常值得的,因为经过炼狱般的锤炼,成长速度相当快。在 C 型领导的调教下,下属在做事的规范性、专业度,以及考虑问题的严密性和完整性等方面的能力都会得到迅速提高。

了解到 C 型领导喜欢严谨性和逻辑性,那么在工作或汇报过程中,你就要注重引用数据和权威信息,让自己变得更专业可靠,一旦领导认可你的专业度,自然就会对你本人开始认同。

应对策略要点:

- 说话要有理有据;
- 有明确清晰的计划表;
- 运用详细而可靠的事实和数据。

总 结

了解领导性格,才知道该如何打交道

DISC 模型可以帮助我们通过客观描述人的行为倾向,判断出他的性格类型。了解了 4 种性格类型在行为风格方面的差异,就可以针对领导表现出来的不同风格采用相应的应对策略,做到"用对方喜欢的方式"来跟领导沟通交流,这样不仅能提升沟通效率、高质量完成工作,更能获得领导的充分信任和认可,可谓一举多得的事情。

在下一次面对领导的时候,当你不能理解对方的语言、表现和行为时,不妨尝试着用 DISC 模型去判断一下他大致属于哪种性格类型,有什么喜好、特点和风格,然后有针对性地调整自己的沟通和相处策略,你一定会看到不一样的结果,而这正是能帮你突破困局的积极的变化。

3

主动跟领导谈升职加薪，这么做就对了

岁末年终时，大家一边进入年底工作的收官冲刺阶段，一边像《多收了三五斗》里的农民一样，盼着年终奖能多发点。

然而一过了春节，多收的三五斗奖金在过年间挥霍完毕后，你在刚收到的工资单上，赫然发现年度涨薪只有可怜的 3%、5%，又听说这次升职的人是隔壁小张，而不是自己，顿时希望的肥皂泡被击得粉碎！

你曾经以为只要辛苦干活，领导自然会记在心里，有机会也会想着自己，所以从没想过要向领导主动提升职或加薪，觉得干点活就要工钱，太不好意思。

说真的，以上想法是典型的学生思维在作祟。这种思维模式让你在不能如愿以偿获得升职加薪后，陷入一次次的失望之中。没获得实质性的提拔，你要做的绝不是抱怨领导的不近人情，或慨叹命运的不公，而是要好好反省是不是自己太过被动和消极。果真如此的话，你可千万别奇怪为什么领导总是让你靠边站。

根本没想过主动找领导谈判的你，总是在希望中被动等待，跟"靠天吃饭"没什么分别，无形中你不就将自己命运的改变拱手交给了他人吗？其实与其被动等待，不如学会主动跟领导谈升职加薪，并好好掌握合适时机和基本策略，这样才有可能扭转被动地位，走出思维困局。

一、谈升职加薪的好时机

企业一般都会在第一季度进行年度加薪，所以如果你有主动谈升职加薪的想法，上一年年底就是比较好的时机。为什么这么说呢？我们先看看基本的加薪流程：

（1）公司在上一年度做出整体加薪预算额度；

（2）将额度和加薪范围分解到所有部门，下发通知（11月～12月）；

（3）部门经理接到人力资源部门的通知后，随即制定本部门所属员工的各自加薪幅度（12月～次年1月）；

（4）部门经理将结果上交人力资源部门（1月～2月）；

（5）人力资源部门将所有部门的加薪结果统一汇总，检查是否有错误或超出公司整体预算（2月～3月）；

（6）总经理最后批准和执行（3月）。

整个流程不是一两天就完成的，通常会持续3～4个月。

你有没有发现，在这个流程中，你能够影响的就是第3步——当额度分配到部门，部门领导做下属调薪幅度的这个环节，刚好就在年底附近。

而如果你不了解以上流程，满心欢喜等着自动加薪，那么在看到新工资单后一脸失望就不足为奇了，因为你根本没机会出现在建议和决策环节，只能将命运交给别人，被动等待结果，而那个结果可能是对你不利的。

这就是为什么说年底是和领导主动谈升职加薪的好时机。因为这个时候谈，领导也许会将你的建议纳入他的考虑范畴，在调配部门内部额度的时候更倾向于你，你涨得多，别人势必涨得少或者不涨。除非你做出了突出贡献，用部门的涨薪额度无法覆盖对你的奖励，领导就必须向人力资源部门申请额外的特殊加薪，而所有这些都早已提前进行。

如果错过了这个谈判的好时机，你天真地以为领导最后会给你一个大惊喜，加薪 20% 甚至更多，那真好比痴人说梦。

当然，还有另一个时机适合谈判薪酬，那就是当你正在牵头负责一个特别重要的项目并且取得重大进展后，或者这一段时间以来，领导对你的工作特别满意，对你本人格外器重，你总是被公开点名表扬。这个时候如果能主动出击，领导其实是有心理准备的，并不会特别惊讶或者反感，反而经你这么一说，他也觉得应该对你有所表示和嘉奖，不如就顺水推舟给你加薪。

还有一点要特别注意，尽量挑选领导心情不错的时候去谈，不然可能适得其反，一旦他将坏脾气撒在你身上，迁怒于你，这就得不偿失了。

二、基本谈判策略

❶ 拿什么理由说服你的领导？

有的人看到这个问题，会觉得是句废话，那还需要什么特别的理由，"我干得好啊，我工资低啊"！

可是工作干得好不好，是你自己说了算吗？当然不是，那是要领导给出评价，领导才不接受你的自卖自夸呢。说自己的工资低？那要看跟谁比。公司的薪资都是保密的，随便打听工资是违背员工手册并要开除的，你又是怎么知道自己工资低的？说不定领导还觉得你工资高呢。

所以在没搞懂员工和领导在涨工资这件事上的不同立场之前就去谈判，就如鸡同鸭讲，二者根本不在一个频道上对话。员工想的是自己去年为公司做了什么，就应该获得相应的回报，比如升职加薪；而领导思考的角度是如果给你升职加薪，你反过来又能为公司创造什么价值。

另外，找领导谈加薪前，要想好理由，最差的理由是这些：

（1）"现在物价上涨了，而且我还要租房子，还有女朋友，花费很大，希望领导能加薪。"

领导的解读可能是这样的：抱歉，公司不是福利社，你提到的这些问题，我也在承受着相同的压力，所以不要拿这些理由说服我加薪。

（2）"我整天加班，很忙很累，应该得到加薪。"

领导的解读可能是这样的："公司永远都是一个只看结果的地方，哪有人说过自己不忙不累的？你这么忙，难道比我还忙吗？"

（3）"你不加薪的话，我就跳槽了。"

假如你用这个理由谈判并成功获得加薪，说明领导的确很需要你。但是你想过加薪以后，你和领导之间的关系该怎么处理？如果你们之间只剩下钱这个纽带了，领导就会想"会不会过一年半载你又拿这个威胁我"。

还有一种情况就是高估了自己的实力，以为领导非要你不可，以不加薪就走人相威胁，那么领导可能就真的让你走了。

所以，别再以生活压力大、生活成本高、需要养家等理由找领导谈加薪，因为谁都不是活在真空中，谁都会面临这些挑战和困难；也别再说自己干了这么多活儿，每天加班、比别人努力，如果看谁下班晚就给他加薪，那最应该涨工资的恐怕是保安；更别再说自己在公司都干8年了，工资怎么比新来的还低。要知道，企业的加薪前提早已不是论资排辈，而是要看谁给公司创造的价值更大。

思路无法转变过来，你的期望和结果之间的差距只能越来越大。

❷ 基本谈判策略

（1）找对人

大公司由于制度比较完善，所以在升职加薪的时候会涉及两个部门：

一是你工作所在的部门，二是人力资源部门。

首先你要去沟通的对象当然是直属领导，因为他最清楚这一年来你的工作表现；其次，当直属领导同意你升职加薪之后，还需要人力资源部门的审核。

在大公司，加薪提名由你的直属领导来做，而加薪幅度则由人力资源部门决定，因为他们会站在公司的角度规划加薪的整体预算，并不是说直属领导想给你加 50% 就可以加 50%。通常你也不能直接去找人力资源部，你的直属领导认可你的期望加薪值后，会主动向人力资源部门提出申请。

在小公司，你的直属领导就是公司大领导，你可以直接去找他谈。至于谈判方法，和大公司非常类似。

（2）情感铺垫

管理沟通里有一条原则：以情感沟通为铺垫，再加意见沟通。就是说，为了达到升职或加薪的目的，在跟领导进行沟通之前，要以情感沟通为基础，不要上来就直接提加薪。

有句话叫作温柔的坚定，你可以选择看起来很柔和的方式，比如语气平和，态度坦然，有理有据，话不要说得太直接，沟通的地点也不一定非要在办公室，这样能给彼此都留一条退路，不要让领导无路可退，强迫他做出选择。

（3）怎么谈?

加薪的时候，你可能谈得最多的是你过去获得的业绩和成绩，但是领导想听的是给你升职加薪后，你能为公司的未来贡献什么价值。懂得这个矛盾点，你就知道谈升职加薪的关键要素了。

可参照如下谈判策略：

- 过去 1 年你做过的重要项目和业绩（多则 3～5 点）有哪些? 最好能量化，比如：如果你是销售人员，是否完成了公司给你制定的业务指标，超出完成了多少？和其他人的业绩相比，你的排名是否突出？

- 过去 1 年你的工作给部门和公司带来了哪些积极变化和重大影响？最好能量化，比如节约了多少成本，实现了多少销售等。

- 如果有高层领导或其他部门领导给你的书面形式的正面评价最好，可以作为你的信用背书。

- 你未来会继续做出哪些贡献和创造什么价值？你如何规划未来的工作？（例如你想专注在公司哪一块业务发展？有什么计划？）

❸ 谈判失败，该怎么办？

梦想是美好的，但现实总是"骨感"的。我们希望每一年都能升职和加薪，但不一定每次都能心想事成。就算掌握了好时机，但还是没有得到理想的结果甚至谈判失败，那下一步该怎么办？

（1）先从自身找原因

保持积极而客观的心态，好好想想领导说的话是否有道理，你是不是真的还有不足的地方？还有没有改善的空间？如果有，你不就有了进一步努力和提高的方向吗？这也是获得反馈的重要途径。

（2）与领导深入沟通

虚心向领导请教和咨询，了解自己到底哪里做得不好，是什么原因导致领导没有批准自己升职加薪的请求，跟领导开诚布公地谈自己的想法。了解领导对你的期望的这个过程，也会给对方留下积极主动和追求进步的印象，下一次升职加薪，领导很可能会第一时间考虑到你。

但如果你情绪化地对待失败的结果，在领导面前表现出不满或不屑的态度，甚至指责或哭诉，那么会对你很不利，在领导的心目中只能给自己减分，不仅这次，下次有机会也不会轮到你，因为你的言行体现了"不成熟"三个字。

总　结

紧紧抓住机会

有人认为只要自己做得好，领导就不会亏待自己，必然会给自己升职加薪；有人成绩还没怎么做出来，就要求立刻涨薪；有人只是因为听说新来的员工比自己工资高，心里感觉不平衡就向领导提出加薪……这些做法都非常不妥。

在升职加薪这件事上，员工和领导考虑的角度并不相同，员工想的是向领导展现自己过去的工作成果，而领导关注的则是员工未来能给公司创造什么价值、做出什么贡献。二者思维模式上的巨大差异，必然会造成员工的升职加薪并没有自己想象中的那么容易，甚至非常艰难。

只有懂得领导思考的出发点和关注点，把握好的谈话时机，找到令人信服的理由，制定有效而合理的谈判策略，主动积极地寻求升职加薪，你才有机会如愿以偿。

早在 20 世纪 30 年代，石油大亨洛克菲勒在《洛克菲勒留给儿子的 38 封信》中就明确指出："在机会的世界里，没有太多的机会可以争取，如果你真的想成功，你一定要掌握并保护自己的机会，更要设法抢夺别人的机会。"

在职场上，除了二话不说努力工作，你更要做的是让获得相应回报这件事的主动权掌握在自己手里，积极争取甚至创造机会，而不是被动等待领导的恩赐。

4

个人品牌将决定你的价值

提到品牌，你脑子里的第一印象，一般是那些耳熟能详的消费品的名字，比如可口可乐、沃尔玛、LV、法拉利等。

但你可曾想过，其实在职场上，我们每一个人也同样可以打造属于自己的品牌，让自己与众不同。当提到你的名字的时候，别人会把你跟积极向上的特质相联系，比如很靠谱、能力强、信得过等。一旦给别人形成这种印象，将非常有利于你未来的升职和加薪，有利于你获得更好的发展机会和更大的空间。

但如果你没有形成个人品牌、不懂如何打造个人品牌，高层领导或管理层根本没人听说过你，没人发现和认可你的能力，你就难以避免地陷入如下职场困境。

- 兢兢业业，老老实实，却一直在基层岗位徘徊；
- 一肚子好想法和方案，却不懂如何得到认同；
- 是部门里的透明人，存在感很弱，曝光度和认可度很低；
- 干得没劲，又没勇气跳槽，担心有风险；
- 不被重视，好事总也轮不到自己头上。

那么，什么是职场上的个人品牌？该如何建立和提升个人品牌？下面就让我们一起揭开个人品牌的面纱，开启建立和打造职场个人品牌之旅。

一、个人品牌的重要性

❶ 什么是个人品牌?

个人品牌，是指个人在工作中显示出的个人价值，它是个体拥有的独特的、确定的、鲜明的外在和内在的特质，包括你的形象、气质、专长、能力、价值观等，几乎囊括了能将你与他人区分开来并把你成功推销出去的所有元素。

同时，个人品牌也是一个人的无形资产，每个人都是"自己"这家公司的 CEO。不论在职场内还是职场外，我们最重要的工作就是打造那个叫作"你"的口碑。

❷ 个人品牌的重要性

个人品牌是职场进阶和未来创业的重要背书。

（1）影响着别人对你的看法

个人品牌，体现的是一个人在别人心目中的价值、能力和信用，所以它会影响着别人对你的看法，不论是正面还是负面、好的还是坏的。人与人之间的相处，间隔着的是"个人品牌"这座桥梁。良好的友谊或生意上的联系，全依赖个人品牌才有所发展。

（2）帮你在激烈的竞争中脱颖而出

正如前文所说，如果领导根本就不知道你的存在，又谈何升职和发展？而打造好个人品牌，就可以让更多的人了解到你的专长，让需要帮助的人找到你，让领导需要用人的时候想到你。

（3）会给你的生活带来积极的改变

一个在某方面具有良好口碑的人，在任何团体或社群都会被人们优先认识，从而有机会接触到优质的人际资源，获取更有用的信息，进而拥有更多的信任感，减少和他人的沟通成本，并可形成良性循环，让生活边界在无形中扩大，而未来更多的机会和可能性就孕育其中。

（4）通过创造价值影响他人，让你更有成就感

建立个人品牌的使命，就是打造一个更好的自己，当你拥有独特的价值，就可以影响他人、帮助他人，服务更多人，而这些都会让你更加充实、更加有成就感。

二、打造个人品牌的主要策略和途径

我们主要从以下 6 个方面建立和打造个人品牌。

❶ 注重外在

个人形象和着装体现着一个人的自信和能力。我们说的颜值和外貌协会，其实都是指个人给别人的外在印象。当然，这并不一定是说一个人要长得多好看，先天拥有好的外貌固然比较幸运，但是经营外在形象却更需要用心学习和研究。

人们会为包装和设计精美的产品所吸引，视觉外观是全世界的通用语言，所以在个人品牌的建设中，首先就要重视自己的外在形象。衣着、配饰、发型等都代表着你是怎样的人，传达着你的信息。

你可以通过学习服饰搭配为自己打造差异化的个人形象，让人们能够记住你。当然，前提是你的形象要符合职业设定。

不管男生还是女生，都要做到得体大方和应景适度。这里的应景指的是在不同的场合穿合适的服装，而不是一套衣服一穿到底。

男士和女士的服装搭配有很多的不同，女士服装讲究款式和多变，男士服装则讲究款式合身、经典大方，干净利索的男士总是比较养眼的。但是无论是男士还是女士，都不要盲目跟流行，一定要选择适合自己外形和气质的服装。

❷ 获得曝光

曝光，就是让自己的工作成果被领导看得见并被认可。有的人在领导面前没有存在感，领导记不住他的名字，也不清楚他的主要工作，又从何谈起了解他个人、认可他的能力，并提拔重用他呢？

有一项调查显示，职场成功由三个要素组成，即专业表现、个人形象和能见度。其中能见度占比重达 60% 之多。

38% 的被调查者认为领导主动看到了自己的工作；27% 的被调查者认为通过"暗示和提醒"，领导才看到自己的工作成绩；更有 35% 的人认为领导根本看不到自己做了什么。

从这个角度来说，职场考验的不仅是你做得好，更考验你是否懂得醒目却又不刺眼地亮出自己。下面举一个例子进行说明。

小张对自己的要求是做好了事情再说话，因此她每天总是在办公室埋头苦干，既不会出现在茶水间的闲谈中，也不会出现在领导的午餐桌前。开会时，她几乎从不发言，因为担心自己的见解不够深刻。"不鸣则已，一鸣惊人"的心理，使她总是没有机会开口。

小张特别看不上坐在对面的小李，觉得他太爱表现、爱出风头。比如，小李总是喜欢在午餐时凑到主管的桌前，说自己最近读了一本什么书，或者刚刚学过管理学课程，而他所说的那些，小张在几年前就已经很熟悉。小李还特别喜欢在部门会议上发言，小张觉得他的观点总有纰漏，也不全面。

小张暗暗嘲笑小李无知无畏，丢人现眼。可意想不到的是，小李很快就获得升职，小张却原地不动，无人问津。小张实在看不出小李究竟有何过人的能力，可是主管很欣赏他，认为他积极向上、富有魄力、敢说敢做，具备可贵的领导才能。

许多自认为优秀的员工，正如小张一样，他们往往摆脱不了"清高"的窠臼，以为只要是金子总有一天会发光，却不知道在这个"发光要趁早"的年代里，如果你自己不跳出来，并没有多少人有耐心去发掘那个寂寂无名的你。

以下7个途径，可以帮助你提高曝光率和能见度。

（1）主动打招呼

见到领导要主动打招呼，不要躲闪，同时提前准备一份快速的自我介绍，包括你的名字、所在部门、最近的工作或项目，以及你取得的成绩。这些都是在电梯间、会议室或其他场所碰到领导打招呼时所需要的素材。

（2）不要坐在后排

你是否曾留意过，开会时总有人主动挑后排、最不起眼或最靠边的位置，就怕别人发现自己似的。其实，想要提高自己的能见度，就要改变这种思维或者习惯，尽量坐在利于和领导进行眼神交流的位置，一方面，让自己在领导面前"混个眼熟，混个脸熟"，另一方面，如果领导提问，也方便举手时被领导及时看到。

（3）主动承担工作

有时会有一些不太清楚职责范围的工作，或者领导从上面临时接下来的活儿，领导正犹豫该由谁来负责时，你一定要在第一时间主动承担下来，这是加强你和领导关系的特别好的机会，但反之，如果你不是主动请缨，而非要等到领导的硬性指派，那效果就差多了。

（4）开会多发言

这绝非是为了发言而发言，如果你说的内容很差、没有价值，发言越多，则越适得其反。所以，你需要提前做些功课，有一个大致思路即可，会上不必等着答案完美无缺时才发言。对于即兴问题或是请大家自愿回答的，你更要主动举手，这些都会给人留下积极参与、勤于思考的印象。

（5）主动自我介绍

公司新来同事或新领导时，找机会适当进行自我介绍，碰面时不要一扭头装作不认识对方。主动介绍自己，会让初来乍到的同事倍感温暖，对你感激不尽。

（6）勤于汇报工作

这并不限于会议室里的正式汇报，其实在餐厅、过道和茶水间等非正式场所，同样可以通过与领导闲聊来简短介绍自己的工作进展，加强你在领导心目中的印象。

（7）善于抓住机会

除上述几种情况外，其他能提高曝光率的机会，还有担当年会主持人、公司俱乐部负责人，成为工会成员或膳食委员会成员等。

❸ 让自己脱颖而出

让自己在团队中脱颖而出，也有利于打造自己的个人品牌。以下几方面会帮助你在部门和团队中胜人一筹。

（1）业务水平强

注重锻炼与职务相关的专业能力，不但可以提升你在专业领域的不可替代性，也能让领导在比较中发现你身上的优点和亮点，对你慢慢认同和赏识。

（2）工作效率高

当平级的同事在某一个时间段只能处理好一件事情，你却能又快又好地同时完成两件以上的事情，这就在无意间显示出你工作的高效率。如果你总能在较短时间内高质量完成本职工作，也是你工作效率高的重要体现。

（3）人际网络广

你不仅在公司内部，在外部的人际关系同样广泛，能帮助部门或公司把事办成，提高业绩。

（4）和领导勤沟通

不论是正式汇报还是非正式沟通，你总能以适当的方式跟领导自信而愉快地交流。

（5）格局高，想法全

站在领导或公司的高度，想的问题、提出的方案都比较全面系统，能帮领导分忧解难。

（6）帮同事解决难题

同事遇到困难或难题，你能无私地予以帮助并轻松化解。

（7）对新来的领导主动帮忙

在部门新来领导时，主动帮助介绍公司和同事，对他不排斥、不抵触，热情欢迎他。

❹ 让自己的观点更突出

会议中，能够让自己的发言或看法言之有物、观点突出，给人留下深刻的印象，也是建立个人品牌的重要方式。

我们可以从开会时、做汇报和写报告三个方面多加练习。

（1）开会时

- 第一个发言时，抛砖引玉；
- 最后一个发言时，总结上文；
- 引用公司高层或名人观点；
- 逻辑清楚，言简意赅，不要啰唆。

（2）做汇报

- 先说结论，再阐述支撑论点，最后总结；

- 给出几种建议或方案供领导选择；
- 保持自信的眼神交流和洪亮的声音；
- 控制时间，身体语言得体。

（3）写汇报
- PPT模板、颜色使用公司统一规定的；
- 以视觉化为主，不要堆砌文字；
- 每一页要有观点和结论；
- 击中要害，一语中的。

⑤ 展示自己的领导力

在参与一个部门或者跨部门项目合作时，让其他人能记住你并对你留下深刻的印象，充分展示自己的领导力。领导心中有杆秤，会下意识对员工的表现做出评估，如果你的能力展示出来了，领导自然会在心目中给你加分，认为你是有潜力进行提升的。

如何展示你的领导力呢？

（1）掌握信息

尤其是掌握比别人更多的信息，有些信息虽然是公开的，但很多人就是懒于查找，也懒得记住，这种人就没有领导力。当一群人里只有你知道并掌握这些信息，那当然就为你马首是瞻了。

（2）主动提供服务

比如出去团建旅游，主动给大家记账，比如预算多少、已花多少，然后你就可以决定要不要去买下一个景点的门票了。

（3）影响力而非权力

虽然你目前不是经理，但一样可以将很多事情办成，具备改变他人思想和行动的能力，就会彰显出很强的个人影响力。

（4）果断做决定

当大家都犹豫不决的时候，你提出一个立场鲜明的决定，其实大部分人都会盲从，因为在这种时候往往需要有个领头的告诉他们应当怎么做，因此，果断而正确的决定有助于提高你的威望。

与外部和团队内沟通时，当你掌握了团队里每个人的信息，而其他人没有掌握这些信息时，你就具有掌控团队的能力，以及赢得多数人支持的能力；同样，当你与外部沟通多了，其他人也会无形中将你当作团队代表。

（5）不要单打独斗

在合作项目中，要团结本部门和跨部门的同事共同完成，在项目到里程碑阶段或取得重大进展时，主动提议进行庆祝和表扬。成员遇到困难时，不要挖苦讽刺，而应不断激励、支持和帮助其渡过难关。

（6）控制个人情绪

在遇到冲突时尽量避免个人情绪的爆发，否则会给人留下不成熟、还需要锻炼的负面印象。

⑥ 在年度评估中让自己的业绩更加突出（展示成果而非过程）

在季度或年度评估时，很多员工都像记流水账一样，只知记录自己这段时间做的所有工作或项目，事无巨细，没有分类，重点也不突出。

其实领导心里的潜台词是：这都是本职工作，并没有看出你有什么特别的或重要的价值。领导要看的是员工这段时间的工作成效，这个过程也是对人才进行的一次年度盘点，看看各部门员工中，哪些具有高潜力、可以重点培养，哪些是困难户、需要重点提高等。

所以，要学会利用这个机会，将自己的工作成果和业绩进行突出的展示，展示成果而非过程。

以下几点帮助你更好地准备年度评估。

（1）简明扼要，突出重点

假如你做过 10 件事，要学会归类汇总，最好总结出 3 ～ 5 个大的要点，然后将之前的小点罗列在这些大点之下。这些并列的大点之间要存在逻辑关系，不要重复或重叠，要保证完整性。

（2）以结果和业绩导向

针对上述 3 ～ 5 个工作要点，分别阐述你做过哪些工作，直接和间接产生的结果是什么，有数据的用数据说话，没有数据的就对比你采取这项行动前后项目的改善和提升之处，以及对本部门、跨部门乃至公司产生了哪些积极且有利的影响。只记流水账，不阐述结果和益处的评估，是徒劳无功的。

（3）积极评价反馈

平时要多留意收集其他部门同事或领导对你的工作结果和影响的积极评价，年度评估时你就可以如实引用他们的正面反馈，为自己的业绩锦上添花。

最后适当谈谈你对未来工作的计划。

总　结

个人品牌的最大价值

个人品牌，为你的能力做出了最好的信任背书。只有在长期工作实践中通过一次次优质的工作成果才能赢得他人的认可和信赖，才能在他人心中形成良好的固有印象。

个人品牌，可以帮你省去大量时间和精力来不断证明自己，可以助你轻易获得更多升职和加薪的机会，这是个人品牌能带给你的最大价值和无形资产。

5

跳槽求职攻略知多少

工作几年后，不少人心里开始"长草"，会因为这样或那样的原因选择跳槽。跳槽好不好，我们不能一概而论，只要跳槽符合自己的职业规划，又有利于未来的发展，不是盲目的或只为了涨一点点工资就换工作，那跳槽就是对的、应该做的决定。

然而，成功的跳槽并不容易，从求职途径到面试策略，一旦其中的任一环节出错，都会导致功亏一篑，让好机会把你拒之门外，你只好跟心仪的公司说再见。

以下我们就从三个方面来探讨跳槽过程中的实用技巧和攻略。

一、还靠投简历换工作？你太落伍了

当你萌生了离职走人的想法，你在第一时间应该做什么？将自己挂在各大网站上的简历更新一下，等看到心仪的职位就发送简历？上网搜索近期的招聘会，准备参加？开始联系猎头或朋友帮你推荐？

说实话，30 岁以后如果还要在网上海投简历、挤在人山人海的招聘会，那你真的就 out（落伍）了。依靠这样的求职方式，你往往无法进入理想的公司，得到理想的岗位，因为你并没在用人单位的视野中。想要换工作，就得先了解招聘单位是如何发现人才的，然后按图索骥。

北森人力资源公司 2017 年的一项人才调查报告中，显示了如图 4-3 所示的有效的招聘渠道。

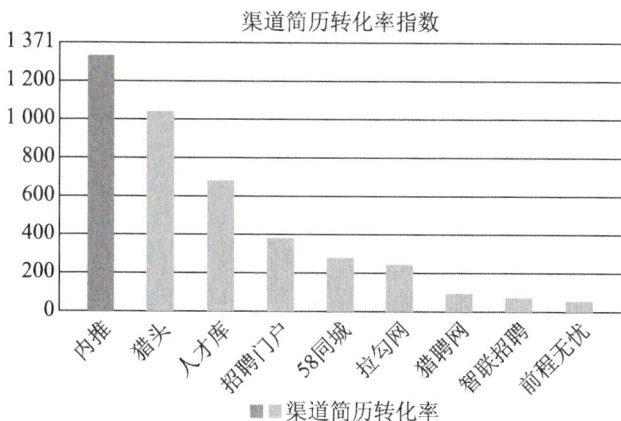

渠道简历转化率指数

图 4-3　有效招聘渠道

其中，内推、猎头和人才库是简历转化率最高的途径，这和你第一时间想到的求职渠道基本相反。工作多年如果还要靠投简历找工作，无疑是职场生涯的一大败笔。

针对图 4-3 中的几个名词的解释如下。

- 简历转化率：简历转化为面试机会的比率。
- 内推：内部推荐，指候选人通过人际关系，获得目标公司的员工的内部推荐。
- 人才库：企业建立的候选人才资料库。

❶ 内部推荐（内推）

因为招聘成本低、周期短、匹配成功率高等特点，内部推荐渐渐成为很多公司在开放一个空缺职位时的首选招聘方式。

（1）内推的前提，是你得有丰富的人际关系

一旦你有求职意向，就要把消息散播给亲戚、同学、朋友以及他们的朋友、朋友的朋友，通过大家的触角，快速发现市场上正在招聘的相关岗位，然后通过他们推荐给相关人士。

这种方式可以帮你成功地绕过外部海投简历的茫茫求职大军，将简历精准无误地送到人力资源或业务主管负责人面前。

先不说你最终能否拿到 offer，通过内推让用人单位认真看完你的简历，成功率就已经相当高，接下来极有可能会直接给你安排电话面试或现场面试。

回顾我周围的案例，通过内推完成的岗位招聘真的不少。

公司最近有个销售总监的空缺，下属阿佩就向我推荐了她的一个朋友的朋友沈飞。阿佩说沈飞现在在杭州工作，但是家在北京，孩子快上小学，所以非常希望能回到北京，于是最近启动求职计划，请老同事和老朋友帮忙。

就这样，沈飞的求职消息辗转传递到阿佩这里，恰逢我们公司正在招聘销售总监，阿佩觉得我和人力资源总监的关系更好，就决定请我帮忙推荐。

我看了沈飞的简历，经验丰富，能力超前，就和人力总监聊了聊，并将简历转给她进一步了解，她看后也非常感兴趣，后来和沈飞进行了一个小时的电话面试，对他的整体印象不错。她跟我说："我准备下周安排总经理和沈飞直接面试。木沐，如果最后谈成了，你可真帮我省了一大笔猎头费，必须请你吃饭！"

还有个朋友 Jenny 要去面试一家世界 500 强公司，是同学帮她推荐的机会。我问 Jenny 胜算如何，她说："面试就是走个流程，问题不大，毕竟是内推过去的。"晚上，Jenny 在微信中告诉我，面试已经通过，就等正式 offer 发下来了。

内部推荐的精准度和效率都很高，是找到优秀人才的优选方式。

（2）内部推荐对各方来讲，是多赢的局面

- 招聘方：省钱，时间短，见效快。
- 推荐方：推荐成功，公司会有一笔奖励；帮助朋友成功求职。
- 候选人：简历转化率高，面试机会和最终拿到 offer 的可能性更大。

下次换工作时，你不要急着去投简历，而要先把自己的简历好好包装和更新，然后把求职意向在你的人际网络中安全地散播（当然不要让现任公司和同事知道），请大家帮你留意合适的机会。你会发现求职之路一下子就拓宽了很多，好机会会扑面而来。

❷ 猎头推荐

目前猎头的专业化分工越来越细，有根据行业划分的，有根据岗位划分的，有根据职级划分的，也有根据年薪范围划分的。尤其针对毕业 5 年后或 30 岁以上的岗位，公司在招聘时，外部渠道通常会使用猎头帮助寻找人才。

不论是主动通过猎头找下家，还是被动接到猎头电话，你都必须有意识地去认识猎头，这是个不争的事实。如何认识这些猎头呢？这里推荐几种方法：

- 通过身边经常和猎头打交道的朋友介绍。
- 在猎聘网或招聘网站的猎头专区，主动添加猎头为好友，尤其是那些专注于你所在行业或求职意向岗位的猎头。如果你的简历不差，他们都很乐意添加你为好友。
- 在领英或其他职场社交网站上，主动添加猎头为好友。
- 针对猎头公司发布的岗位信息，留意页面下方猎头的联系方式，记录并跟踪。
- 参加相关社交活动，结识猎头。

然后将这些猎头联系信息做成通信录，这会是你很宝贵的资源列表，最好再加上猎头微信，以便及时沟通新的职位信息。有一天当你想主动寻求外部机会时，就可通知这些猎头，请他们推荐好机会，他们会相当乐意。

30多岁，如果还没接到过猎头的电话，或1年只能接到一两次猎头的电话，甚至完全不懂如何拓展猎头人际网络，那真的是要替自己担心了。

❸ 人才库和招聘网站

人才库，其实就是企业建立的人才资料库，来源包括：

- 面试优秀但因某些原因未录用的人员；
- 录用未报到的人员；
- 预约但因某些原因未面试的或未来参加面试的（匹配度较高的）；
- 离职的优秀员工；
- 同行业储备等。

也就是说，只要你足够优秀或者匹配程度高，都有可能被企业录入自己的人才库。在下一次开始招聘时，企业也会将在人才库中寻访和匹配候选人作为一个重要途径。所以不要小看你面试过却因为各种原因没有去的公司，说不定下次他们还会向你抛出橄榄枝。

另外，在招聘网站上，也不要忘了定期更新简历，并不时进行刷新。因为猎头或用人单位有时也会主动到这些网站搜寻简历，只有经常更新和刷新的简历才会优先出现在他们的视野中。

还有一点很重要但又经常被忽略：一定要记得在你的简历中体现岗位职责的关键词，宁多勿少，因为招聘方是按照关键词进行检索的。简历中没有体现出来的关键词，别人无论如何也搜不到。比如你负责的工作是 Business Development，那中文简历中最好将业务发展、业务拓展或业务开发这样的词都包括进去。

所谓"机会无处不在"，人才库和招聘网站的重要性和优先级虽低于内推和猎头推荐，但绝不可以完全忽视，你未来的好机会说不定就可以通过它们产生。

❹ 有几点特别需要注意的地方

（1）关于内部推荐

重视内推，要在平时注意建立和发展自己的社交网络，尤其要加强和维护未来对你求职会有帮助的一些人际资源，更要定期和重要的人交流自己在职场上的进步和发展规划。这样一旦有新的岗位和机会出现，他们第一时间就会想到你。

（2）关于猎头推荐

针对应届毕业生或是职场新人的岗位，因为招聘难度不大，企业很少会将其外包给猎头。同时又因为还要支付招聘佣金给猎头，为初级岗位雇佣猎头，企业觉得并不划算，这样也导致猎头不太关注职场新人。

新人不太吸引猎头的另一个原因是，猎头的工资很大一部门是拿bonus（奖金），也就是根据所推职位的package（薪酬包）提取一定的比例作为奖金。跟资深和高级岗位相比，职场新人的薪酬包不高，所以猎头很少关注新人也可以理解。

但这并不意味着职场新人就可以无视猎头的存在，因为你早晚会步入30岁阵营，如果不提早规划和积累资源，到时就会错过很多好的机会。当你走过职场几年后，好的职位都在猎头手里，企业在采取内部推荐的同时，基本都将职位信息同时发给猎头帮助寻访人才。

二、提高面试成功率，这几点很重要

过了简历关，就进入了面试环节，面试在转换职业赛道、获得升职加薪、进入高级平台时起着至关重要的作用。过不了面试这关，就算你有三头六臂，也始终无法敲响心仪公司的大门，只能一次次错过，你却一点脾气都没有。

问题来了，为什么有的人辛辛苦苦得到面试机会，却最终无法打动面试官，铩羽而归，而有的人在面试全程表现得行云流水，每个问题都回答得无懈可击呢？这就需要掌握一些面试谈话的基本技巧，比如针对下面几个棘手问题的应对策略。

❶ 当你申请的岗位是之前没做过的，怎么办？

有时因为比较难招到 100% 匹配的人，用人单位在审查候选人的资格时，条件也会相对宽松一些，这就给那些想要转行或者换岗的人打开了一扇机会之窗，让转行换岗变成可能，一旦你获得了这样的面试机会，可要牢牢把握住。

面试前一定要熟读目标岗位的工作内容和要求，然后将这个岗位和自己目前从事的岗位做好关联，也就是让别人觉得你不是一个门外汉，而是一直在从事着和应聘职位"相关"的工作。

策略如下。

- 先要和面试官确认应聘职位的具体职责，既确保你理解无误，也能给对方留下你认真对待工作的印象。
- 然后在自我介绍环节要讲究策略，对做过的那些跟目标岗位关联度大的工作、项目或任务要详细介绍，包括自己曾担任的角色、项目成果、从项目中收获的经验等。而对那些关联度很小的工作，哪怕是你曾花很多时间做的，也要尽量简化或一笔带过。
- 最后谈谈你对从事新岗位的想法和规划是什么。

举个例子，比如一个原来从事技术支持的人，想要改行从事销售，就可以从这几个角度提炼原工作岗位和目标岗位的关联：

- 强调自己虽然原来从事技术支持，但因经常跟销售同事一起跑项目、见客户、为客户设计方案，所以深入了解客户和市场需求，并具有较强的客户沟通能力。

- 强调自己有较强的技术背景，可以弥补纯销售人员在这方面的不足，因为经常和销售人员一起拜访客户，自己从中总结和学习了很多销售技巧。

- 强调自己非常乐于跟客户打交道，帮助客户解决难题和痛点，同时举几个和销售人员一起赢得项目的生动例子。

你看，这么一介绍，你在不知不觉中就为自己树立了一个潜在的销售好手的形象，面试官也会觉得你说的很有道理，甚至被成功说服。

成功的秘诀就是说服面试官相信，你虽然没直接从事过该岗位，但是你之前做过的每一件事都和这个岗位息息相关，早为这个岗位打下了基础并做好了铺垫。

❷ 当你想要获得更高的职位时，怎么办？

有的人寻找外部机会，是因为在现在任职的公司升职很慢或者根本看不到升职的希望，想要通过跳槽来实现升迁。虽然这个想法的实现难度不小，但如果掌握了相应的面试技巧，情况就另当别论。

成功的前提是你的目标岗位和现在岗位属同一个范畴，即同一个工种，只是目标岗位的级别更高，比如你想从市场部专员升为市场部主管（经理），或者从市场部经理升为市场总监等。对你来说，有利的一点是你对这个工种的内容很熟悉，不利的一点是你对更高一级的管理岗位到底该干什么不太清楚。

为了提高成功率，面试中你可以这样表达：

- 要向面试官表示，自己对该工种的工作内容和要求非常熟悉，虽然之前没有直接做过高级别工作，但是一直得到领导的器重，曾多次领导大型项目。

- 领导也曾委派自己代表他参与公司的一些活动，比如发言、汇报工作等。领导休假期间，也曾代管部门、主持工作。
- 在跨部门项目中，自己承担着项目经理的角色，其实发挥的就是强大的影响力，这是一种隐形的领导力。
- 暗示面试官，其实领导一直在栽培你作为未来的接班人。

如果你早有心去外部应聘高一级的职位，平时就要注意观察目前你的领导在做什么工作，他有什么样的工作习惯，他如何管理你们的团队。这样在面试中，当你说起自己具有领导和管理潜质时，才会有代入感，才能打动面试官。

成功的秘诀就是说服面试官相信，你虽然没直接当过管理者，但其实对管理者的工作内容了然于心，也有很多机会参与领导和管理工作，只是差一个正式任命的职务而已。

❸ 当你想要谈更高的薪水时，怎么办？

很多人跳槽时不太会谈薪水，要么保守不敢要，要么狮子大开口，不切实际。他们不知道的是，企业在招聘时，对每个职位都有薪资的浮动范围，只要你的要求在这个区间内，用人单位都能接受，这个区间很多时候会相当灵活。

面试中谈薪水的策略如下。

- 不要只谈月度基本工资，要有年薪概念，即将你现任岗位的整个年度薪酬包提前计算好，在这个基础上来谈判期望涨幅。
- 年度薪酬包包括基本工资，季度和年度奖金，各种福利如旅游费（年度）、健身费、交通费（车补、油补、高速费、停车费等）、供暖费、洗衣费、长期服务奖等所有现金收入，而且最好计算出你能拿到的最高的数额。
- 在年薪基础上谈整体涨幅，而不是仅谈月工资的上浮。有些公司因为福利没有这么多，就会将这部分差额补在月度基本工资上。这样算下来，你的月工资涨幅可能要远高于预期。

我曾遇到过一个很会谈判且如愿获得 offer 的候选人，他是这么跟面试官谈的："我现任领导本来计划 2 个月后给我加薪，但我真的很看中贵公司的这次机会，没办法，只能放弃原地加薪。所以如果我加入贵公司，很明显就会损失这部分涨薪，我想贵公司一定非常大度和人性化，会在 offer 中考虑给予相应的弥补。"

成功秘诀就是说服面试官相信，你的薪资并不仅仅是工资单上的基本工资，那只占整体薪酬的一部分而已。除了拿到手的薪酬包，你马上要到手却因为跳槽而可能损失的涨薪部分，也应该放入整体考量。

以上 3 个方面可以说是面试时的难点和重点，如果你学会运用相应的策略，就能轻松转变自己被动和窘迫的境地。

话说回来，想要通过面试成功实现转岗、升职和高薪，除了掌握这些策略，你还得培养和训练自己的综合能力，尤其是临场发挥能力。这包括充分的准备、自信的眼神、清晰的逻辑、适当的语速、得体的着装和不卑不亢的态度。在面试官眼里，缺少一样，你怎么看都像一个"山寨货"。

光有雄心壮志只是第一步，在进入面试环节之前，你要做的其实还有很多。

分享莫言的一段话，共勉：

"当你的才华还撑不起你的野心的时候，你就应该静下心来学习。

"当你的能力还驾驭不了你的目标时，就应该沉下心来，历练。"

三、面试为什么总被拒，很可能是这个问题回答错了

参加完电话面试或现场面试，此时的你总会感觉忐忑不安，不知道

等待你的是 offer（接受）还是 reject（拒绝）。

面试被拒，有些公司会发封邮件委婉告知你，但一般公司都不会这么做，面试结果总是在你焦急的期盼中不了了之。作为被拒的面试者，几乎无法从面试官和招聘单位获得及时而有效的反馈，因为不知道问题到底出在哪里、以后该在哪方面提高，极容易妄自菲薄或者胡蒙乱猜。

虽然面试被拒的原因很多，比如经验不足、缺乏自信、能力不匹配、英语不过关，然而我发现，有一个问题如果回答不好，就算你在上述几方面都很棒，通常也会被拒。这个问题就是："你离开上一家公司的原因是什么？"或者"你为什么打算换工作？"简言之，就是"你的离职理由"。

❶ 为什么问这个问题？

很多人觉得问"为什么换工作"这种问题就是废话，如何回答完全不重要，甚至觉得就只是走个过场，没什么实质含义。换工作还不是因为工资低、领导坏、公司差吗？大家心照不宣，还需要明知故问吗？

就算以上原因真的是促使你离职的直接原因，但从招聘单位的角度来看，如果你就这样毫无保留地和盘托出，那你肯定会在面试中被过滤掉。

面试官问这个问题，主要是为了进一步了解求职者的离职动机，进而了解其职业取向、价值观和稳定性如何。虽然在现在的就业环境下，很少有人会在一家公司干一辈子，但是跳槽太频繁会给招聘者留下不踏实的印象。

朋友 Sunny 跟我说，前一阵子接到了奇虎 360 的电话面试，非常兴奋，但是面试一周后就没动静了，很懊恼。

我问 Sunny，她是怎么回答关于离职原因这个问题的。Sunny 的回答是："我在这家公司做老总助理两年多，感觉遇到了职业发展瓶颈，想要换另一个平台突破发展障碍。"

还没等 Sunny 继续说，我脱口而出："Sunny，对方对你的回答应该不太满意吧。"Sunny 瞪大眼睛，说："你怎么知道？后来猎头跟我说，面试官反馈，我现在遇到的瓶颈，到新公司 2～3 年后也许会再次出现，到时我该怎么办？可是我觉得我的回答挺好的，表明我这个人追求进步，想不断挑战舒适区啊。"

Sunny 的想法还是站在自己的角度考虑，并没有从用人单位的视角出发。走出舒适区，承担更具挑战性的工作的确是很多公司向在职员工提倡的，但如果求职者在求职过程中，将这点作为换工作的理由，用人单位就会格外慎重。

因为如果求职岗位的工作和求职者现任工作在内容上没有实质变化，招聘单位会认为你就算入职，时间一长，可能也会感到无聊、没有挑战，从而对工作失去兴趣和积极性，甚至很快再次离职。而这是公司最不愿意看到的。

因此，对于换工作的理由，千万不要随便敷衍和应付，也不要临场发挥，乱说一通。它绝对值得你花时间提前好好考虑，好好提炼措辞。如果因为这个问题回答失误而导致面试被拒，真的很不值。

❷ 很难接受的离职理由

（1）抱怨上家公司和前领导

不管你把前公司和前领导说得多么不好，面试官丝毫不会同情你，他的解读可能是这样的：说别人的不好不能证明自己的好，贬低别人永远不能抬高自己，把前公司说得那么不堪，不过是在展示自己的职场表现很差。

面试官也会同样担心，万一你再次离职，你是不是转脸也这么诋毁他们公司？

（2）嫌弃上家公司薪水低

也许这是你跳槽最真实和最直接的理由，但千万不要说出来，因为面试官会觉得你是典型的逐薪而居，说白了就是哪里钱多去哪里，并会给你贴上过于看中短期利益而非注重个人成长的标签，认为你不会安心好好工作，从而把你淘汰掉。

（3）工作压力大，加班过多

除非你能充分证明公司有违背《劳动法》的做法，否则这个理由听上去都有点矫情。现在各行各业竞争加剧，每家公司都面临生存和发展的压力，尤其是一些初创企业，还在生存线上苦苦挣扎，因此加班多、工作量大是很常见的事情。

从招聘单位的角度来看，当然不想招只愿意朝九晚五、不愿意为公司多付出还想拿高工资的人。

（4）加薪幅度过低或者基本不涨工资

不加工资的原因有很多，除了行业和公司业绩不佳，还有可能是你自身有问题，比如绩效不合格、工作消极不努力。面试官如果对上述问题存疑，就会对你的印象大打折扣。

（5）前公司人际关系复杂，多钩心斗角

这么说无疑暴露了你处理人际关系的能力较差，而搞不定人，自然也搞不定工作，因为工作都是由人来完成的。

有人的地方就有江湖，不管是老东家还是新雇主，你都需要和领导、同事打交道，你也总会面临如何为人处事、与人交往的问题。在上一家公司人际关系处理不好，那你在下一家的表现也许会更糟。

（6）想换个岗位或职业方向

公司不是公益学校，不会给你提供免费的学习机会，用人单位当然希望招来一个经验丰富、马上能上手工作的人。如果你说自己应聘这个岗位就是希望获得一个机会学习新知识、积累新经验，那只能证明你经验不足，而几乎没有公司会愿意冒险用一个新手。

总之，在陈述离职原因时，一定不能意气用事，将最直接和真实的原因如实陈述，因为那些原因在面试官的解读里，很可能就代表着懒惰、贪婪、消极、有风险、能力差和不忠诚。

❸ 可接受的离职理由

面试的目的无非是让面试官对你有进一步了解，确认你和应聘岗位的匹配程度。所以对面试问题的回答都要围绕这个主线展开，向对方展示你乐观向上和积极主动的职业精神。

针对离职原因，可以避重就轻，模糊处理，重点突出个人的工作业绩和能力。比如下面这些理由，面试官一般都能接受。

（1）寻求更大、更专业的发展平台（如果对方是大公司、业内知名公司的话可以这么回答）；

（2）基于个人职业规划和发展方向的原因（这是一个客观原因，表明你在上一家公司不具备这样的机会，所以你只好做出跳槽选择，希望能有机会承担更多责任）；

（3）希望换一个环境（比如过去在咨询公司，现在想去实体公司）；

（4）每天通勤来回3～4小时，离家太远，想换个离家近点的公司，不想把时间浪费在路上；

（5）配偶或男（女）朋友因工作换了城市，自己跟随换工作；

（6）现在的工作比较安逸，无法充分发挥自己的优势和潜力；

（7）想要进入高速发展和前景光明的行业。

以上原因会让面试官对你留下一个好印象，觉得你是一个主动自信、努力拼搏的人，进而会对你心生好感。而你也可以顺利把话题引到求职的岗位本身，避免在离职原因这个话题上停留或纠缠太久。所谓"多说多错""言多必失"，就是这个道理。

为了获得一个宝贵的面试机会，你精心准备简历，在网上不断刷新投递，和猎头详细沟通职位信息，做好了最充分的准备。而当面试真的来临时，就犹如足球比赛中的临门一脚，成败就在此一举。就算在其他方面准备得周密和用心，却偏偏因为在离职理由这个问题上回答不得体而被拒，那之前所有的努力都付之东流了。

所以，你必须为每一次离职都准备好合理而恰当的理由。

总　结

跳槽有策略

到底是留在现在任职的公司，还是选择离开另觅新主，最重要的决策因素就是你在现在任职的公司到底还有没有学习和成长的空间，是否还值得继续待着。

经过评估，一旦你发现跳槽才符合你的职业发展要求，继续留在原地则只会让你磨灭激情、消耗精力，没任何进步的可能，那你就要开始布局谋篇，为未来做规划和打算，比如了解并掌握跳槽和面试的基本技巧，重视内部推荐和猎头推荐，准备好得体的离职理由等，不要让自己还没机会展示能力，就被拒之门外。

6

35岁以后，未来的职业选择之路前瞻

到了35岁，仿佛到了职业生涯的十字路口，有的人接到猎头的电话，被鼓动跳槽去竞争对手公司，并被高薪诱惑，于是陷入纠结，不知该如何选择；有的人虽然开始尝试整合手头资源，谋求自主创业，去外面的世界闯荡打拼，却始终不敢迈出第一步；而有的人则安于现状，由职场新人混成了老员工，丝毫没有危机感。

不管选择跳槽、创业，还是留在原地，都没有对错之分，但千万不能意气用事或者一时头脑发热，只有经过通盘考虑和全面分析，并结合自己的优势和长处，才能做出客观而理性的决定。

一、竞争对手高薪诱惑，去还是不去

当你现任公司的竞争对手公司，用更高的薪水向你殷切地伸出橄榄枝时，你该怎么办？是顾忌现在所处公司的情分，还是受不了高薪的诱惑，转而"弃友投敌"呢？

想做出一个正确的决定并不简单，你需要从以下几个方面仔细考虑。

❶ 跳槽不是你想跳就能跳的

当有猎头找到你，问你对一个非常吸引人的工作机会是否感兴趣，而这个机会就来自你的竞争对手公司时，你一定要先冷静下来，确认自己是否和现任公司签过竞业禁止协议。

一般来说，新员工签劳动合同时，公司根据岗位性质的机密性和重要性，会要求和员工签订竞业禁止协议。有些可能会单独签一份，有些则可能暗含在劳动合同的细则中，这需要你仔细查看。

签过该协议的员工，有朝一日若想离职，在约定期间内，是不允许到竞争对手及关联公司任职的。当然，按规定，公司会拿出一笔补偿金给他。

如果你签过这份协议，那不管这橄榄枝的诱惑力有多大，你都不能接受。因为一旦被现任公司发现，它就有完全充分的理由和证据将你告上法庭。而且，如果你签过这协议，却隐瞒没跟下家公司说明，一旦被发现，该公司也会为了避免惹上官司，在第一时间辞退你。到时你就会落得"爹不疼妈不爱"的下场。

❷ 你真的了解竞争对手吗？

如果你确认自己没有签过竞业禁止协议，那才有资格往下分析这个机会到底该不该争取，如下几方面的因素是你必须要考虑的。

（1）竞争公司现状

跟现任公司比，其品牌、口碑和行业地位如何？

（2）所聘岗位和职责

对方请你去任职的岗位和工作内容，是和现任公司完全一致，还是有所提升？比如职位头衔、职责业务范围、权力大小、是否带团队、汇报级别等。

（3）年度薪酬包

基本工资涨幅如何？奖金和福利待遇具体构成如何？

（4）个人发展

你自己在现任公司是否到了职业发展瓶颈？在内部有没有更好的发展空间和机会？对方想要挖你，到底是看中了你哪方面？你是否做好准备，充满自信地去新公司任职新岗位？

综合考虑如上要点，如果你决定不去，就要向猎头真诚地表示感谢，并解释自己目前没有换工作的意向，希望以后保持联系。如果对方公司各方面条件能够让你在职业发展上迈上新台阶，就好好把握和珍惜这次机会，做好最充分的准备，拿下 offer。

❸ 卸下你的"道德包袱"，和领导谈离职

一个人因在现任公司的发展和成长受限，而向外部寻求更好的机会与方向，这是非常正常的，也有法可依，你没必要因为决定去竞争公司而对现任公司心存愧疚或是进行自我道德谴责。这听起来比较"冷血"，但也是最职业的心态。那么，该如何与现任领导谈辞职呢？在这种情况下，谈离职的注意事项有以下几个方面。

（1）最好先面谈，再书面，这样对方比较容易接受；

（2）要感谢领导多年的栽培和教导，以及自己在公司取得的进步；

（3）表达自己结合各方面情况，一直在思考如何能够获得更好的发展，但你并没有主动寻找外部机会，是猎头找到你，给你介绍了这个工作机会；

（4）可以把新岗位的职责比现任岗位好的地方跟领导分享，从而获得他的理解，尤其是他无法满足竞争公司提供的这些优越条件时，更会理解你的选择；

（5）尽量不要和领导撕破脸，即使入职竞争公司，也可以继续和

老领导保持良好的关系；

（6）向领导许诺不会向竞争公司公开关键内部信息，当然，也不要轻易向领导分享竞争公司跟你说的一些内容，这是最基本的职业素养。

总的来说，当有竞争公司出高价挖你时，先别急着拒绝或接受，除了必须要遵守的法律规定和职业道德外，无论是留在原公司还是跳往新公司，你最应该考量的就是个人发展和成长机会，这样才能"跳"得理智，"跳"得轻松，"跳"得高级。

二、创业，不是一场说走就走的旅行

除了跳槽，还有一些人会在 30 多岁以后考虑创业，他们想辞职创业的理由有很多，比如与领导不和、升迁无望、薪水不涨等。似乎一辞职，就立马能摆脱打工者身份，摇身一变成为自己的老板。

那么，问题来了，创业就能解决目前在职场上面临的所有问题，让你跳出职场困境，从此进入一个自由自在的世界吗？显然不是，创业和打工，其实是完全不同的两个世界，创业的生活甚至和你想象的截然相反。

没搞清创业和打工二者之间的差异就贸然辞职创业，恐怕不仅不会实现自由人生的梦想，反而会令你陷入失望和窘境，因为你可能分分钟就面临吃不上面包的生存问题。

❶ 创业需要严苛的时间管理

没错，创业后，所有的时间都由自己来支配，你当然可以一觉睡到自然醒，也可以天天看电影、月月去旅行，但是如果真的这么做了，谁为你的"潇洒"买单？谁为你的创业项目负责？

创业拼的是速度，一定要比别人跑得快，在机会面前，不断打磨产品，注重用户体验和反馈，从而持续升级迭代，实现快速积累和创新。所以，创业者的时间和精力，都应放在提高速度和加强创新上，而不是潇洒走一回。速度一旦跟不上，在市场瞬息万变的今天，一种模式很容易被快速复制，从而被对手赶超，被抢占先机。到时你只能瞪着一双气愤又无奈的双眼，输掉一切。

你以为的创业自由，就是挥霍时间和享受生活，而这绝不是创业者的真实状态。时间对每个人都是公平的，我认识的创业者，根本没有加班和周末的概念。有投资人说：一个朝九晚五的创业团队，是注定要失败的。

❷ 创业需要全身心的投入

除了对时间管理极为严苛，创业更需要全身心投入，具有高度自律和抗压能力。创业后，没人盯着你，对你做业绩评估，也没人看你的工作量是否饱满，是否在磨洋工或者偷懒。

摆脱了监督，你就放天下之大心了吗？当然不是，当产品设计不够友好、项目进度滞后，市场或投资人会用脚投票。此时的你，根本不可能撂挑子不干。上了车，压上身家，你没有退路，能做的唯有继续往前冲！

而打工者那种工作没做好、任务没完成，领导一批评就想一走了之的抗压能力，在创业面前一文不值！没有奉献精神，不能全情投入，缺乏自律和抗压能力，就别说什么创业了，还是老老实实在公司上班吧。

❸ 创业需要有超强的资源整合能力

在成熟的企业里，分工明确，职责清晰，各部门都以完成 KPI 为首要目标。而每个人也都有各自明确的岗位描述和绩效指标。在这种体制下，不少人安于现状，只关心和自己有关的事，没兴趣也觉得没必要去了解其他部门的事，更别说企业外的人际关系和资源。

一旦你熟悉、适应和享受这种打工者的工作模式，就绝不会接受与之截然相反的创业者的模式。

创业之初，你可能身兼董事长、总经理、厨师、保安等多重身份，你和小伙伴的重要任务是对接和整合多方资源，包括人才、资金、技术和媒体等。你得把自己当作百事通，但如果你不善言辞、碍于社交、不爱折腾，那就不适合创业。

徐小平说："创业就是一个人社会资源总爆发的商业活动。"创业要求个人具有超强的资源整合能力，即找人、找钱、找项目，然后用你的驾驭能力和领导能力把这些要素用一根线穿起来。

也许创业前，你已经积累了一些资源和人际关系，这会在创业后给你帮上不少忙。但那也只是开始，此后你必须继续挖掘有效靠谱的资源，能给创业项目输血而不是抽血。这些无疑都在考验着你的整合、创造、协调和沟通的综合能力。而这些能力，很多职场人在打工时并没有引起足够重视，在这方面的锻炼也极为有限。

朋友阿明原来在大公司 A 工作，后来辞职创业，就是因为看到了市场上未被满足的需求，便想针对此类需求，开发一系列新产品。凭借在 A 公司多年的人际资源，他成功地将自己创业开发的新产品卖给 A 公司，将 A 公司变成了自己的第一个客户。接着阿明以和 A 公司合作的成功案例为行业标杆和突破口，将业务进一步拓展到 A 公司的竞争对手，业务越做越大。这不就是一个善用并能整合资源因而成功创业的案例吗？

如果你没有强大的资源整合和"拼凑"能力，无法为一个创业项目完成"穿针引线"的人、财、物的资源配置，就算你有再高的热情、再好的点子和商业计划，也终究无法成为一个合格的创业者。

❹ 创业，关于收入的想象空间

打工者的收入主要来自工资，因为涨薪幅度相对稳定，你基本上可以算出未来几年你能在这家公司拿多少钱，所谓一眼看到头，也不夸张。

　　创业后，收入会有什么不同呢？其实，很多创业公司在初期，创始人自己是不拿工资的，或只是领一点象征性的生活补贴。等产品打磨和商业模式有一定雏形时，才会被一些VC（Venture Capital，创业投资机构）看上眼，从而引入天使轮、A轮或以上轮次投资。但即使到了这个阶段，创始人给自己也不会发很高的工资，反而发给技术总监的工资要比自己高很多。

　　等到公司发展规模变大、市场和商业价值得到实现，创始人才会慢慢从中受益。他们或者通过持有公司股份获得红利，或者通过公司的上市和被收购实现套现获利等。

　　对于创业失败的人来说，这些却只能化作泡影，到时别说号称身价几亿元的美梦没实现，就连打工时的基本生活水平和品质都会大打折扣。

　　所以那种以为辞职创业就能摇身一变成为有钱人的人还是踏实上班吧，因为这根本不是创业者的真实生活。

　　到底是拿着稳定但也许微薄的薪水，还是选择既可能暴富也可能一文不值的创业，残酷又现实。无法接受创业的大起大落、初期收入的极不确定，就轻易别动创业的念头。

　　你羡慕创业者的度假潇洒，却不知道在创业初期，他们度过了多少不眠之夜，付出了多少不为人知的心血、时间和努力。在职场打工，也没有你想的那么不堪，在这条道路上，虽不见得轰轰烈烈，但可以在平凡中获得自我成长，实现人生价值。

三、做一个不"油腻"的老员工

　　不是每个人都想要当管理层、跳槽转行或辞职创业，想要在一家公司持续工作和发展的"老员工"大有人在。

然而，"老员工"这三个字的含义意味深远，它既可以表示你资历深、经验丰富、受人尊重、对企业忠诚度高，也可以是封闭、守旧、挑剔、混日子的代名词。

如果你喜欢待在一个稳定的环境，懒得折腾换工作，但是又不想混日子，就要在以下 10 个方面多加留意，千万别被人戴上"油腻老员工"的帽子。

❶ 对新人耐心友善

新人刚加入公司时，对公司政策、业务经营、报销流程等很多方面都不熟悉，一旦向你请教，你千万别流露出不耐烦的神情，或觉得新人太幼稚，从而不太愿意搭理他们。

对于初来乍到的职场新人来说，能够在他们最需要帮助的时候伸出援手，他们一定会感激不尽。况且新人总有一天会成长，日后和你在工作上也少不了打交道，当初你的帮忙也会转化为日后工作上对你的绝对支持。举手之劳，何乐而不为呢？

❷ 接受新事物，拥护改革

拥有一个开放的心态对老员工来说相当重要。尤其当公司引入新理念、新流程、新工具和新方法，甚至发起改革时，大部分老员工下意识地会出现抵触心理。他们会觉得自己最了解公司和业务，新事物总会有风险，可能会失败，所以冷眼旁观或是说风凉话，甚至消极抵抗。

但随着时代和技术的进步，新事物的出现在所难免，竞争的加剧和市场的变化也会迫使企业做出一些新的变化和改革。逆势而行的人，不仅不会阻碍和摧毁新事物，反而会让公司和领导认为其思维守旧、心态消极。不如让自己空杯，以谦虚好学的心态拥抱新事物，你一定会从中受益。

❸ 不在背地里论是非

老员工因为在公司时间长，认识的人多，所以对公司的很多事都如数家珍。这些成了很多人闲聊时最好的素材和佐料，但对公司和公司的事说三道四或论人是非，因此造成谣言满天飞，小道消息大行其道，甚至可能中伤他人，这些都是公司最为反感的事情。而一旦你被公司认定不专心工作，那你的位置就非常危险了。

❹ 不在背后说领导坏话

有些老员工还会在私下评论领导，尤其对领导的某项政策、决定或做法看不顺眼时，很喜欢在背后发牢骚。"话会长腿"，99% 的可能性，你所说过的坏话最终会传到领导耳朵里，而且还会被添油加醋。

如果你有这个毛病，一定要重视并尽力改掉。

❺ 注重穿着和外在形象

有些老员工对公司环境和同事都很熟悉，因而会渐渐放弃对外在形象的要求。比如：

- 穿着打扮过于休闲和随意；
- 衣服连续穿两天以上不换洗；
- 好几天不刮胡子；
- 衣服皱巴巴，没熨烫好就上身；
- 衣物上的污渍不及时洗涤；
- 发型凌乱，不及时修剪。

将自己拾掇得干净利落、清爽自然，不仅是尊重自己，也会让他人愉悦。一个从外在形象就开始放弃自己的人，又能指望他在工作上有什么突出贡献和高效产出呢？

❻ 保持积极乐观的精神状态

除了外在形象的邋遢颓废，有的老员工总是一副没精打采的样子。在公司多年，激情退去、缺乏动力在所难免，但是如果因此就开始步入混日子之列，那最后就真的会被公司抛弃。

公司在不断成长和壮大，在不断求新和求变，员工也要让自己主动跟上公司的节奏，和公司共同成长，才不会被淘汰。积极乐观面对公司、工作、同事和自己，转变思路和心态，才能活出自己的精彩。

❼ 别总是倚老卖老

很多人特别讨厌老员工一开口就说"我们以前……"之类的话，就好像所有的事情就他们有发言权，过去的任何事物都比现在强。

我们当然不能否认历史和过去有很多值得发扬和借鉴的地方，但是因此过分夸大过去的一切，就有失偏颇，不能公正理性地面对现在。更重要的是，很多员工和领导比你加入公司晚，一味否定现在，不就是在质疑后来的这些人的能力、水平和贡献吗？

倚老卖老让自己很得意，但完全没顾及他人感受，慢慢地大家都会远离你。

❽ 帮助和支持新领导

有些老员工会不由自主带着挑剔的眼光看待部门来的新领导，有时甚至会有点幸灾乐祸地等着看新领导的笑话。其实他们忽略了重要一点：新领导的加盟，必然已经得到了更上一层领导的支持和授权。

所以如果在新领导加入初期不给予他充分支持，一旦新领导熟悉情况、掌握局势时，曾经怠慢过的老员工就岌岌可危了。倒不如一开始就敞开心扉，信任新领导能够带来新的变化，推动部门新的发展，从心里接纳并全面支持他。

❾ 主动承担工作

老员工有时会过于懒散，在舒适区待久了就不愿走出来，因此对部门和公司的工作绕道走，不愿多干一点活儿。长此以往，领导看不到老员工的价值和新的贡献，而老员工自己也会如温水煮青蛙般，慢慢荒废了自己的能力，迷失了方向，进而自我贬值。

如果老员工能清醒认识自己的危机，主动承担更有挑战性的工作和项目，一直保持积极向上的态度和工作状态，那在领导眼里，他的价值一定远远高于其他员工。

❿ 不要形成派系

有些老员工特别容易因为某种利益的瓜葛而形成派系，派系若是被领导发现，则很危险，因为领导最讨厌"小团队"的存在。

成为老员工不可怕也不可耻，但是如果最终成为了一个只会混日子的老员工，那才是最悲哀的事情，因为混日子最后糊弄的只能是自己。

总 结

扛住时间，一路向前

年过35岁的人，不仅经历着生理衰退，比如容颜老去、身体衰弱，更要接受来自生活、职场上的双重考验和压力。但到底是随波逐流、任由自己老去，还是抓住机会升级自己的认知和能力，创造属于自己的新天地，完全由你自己决定。

北野武在《虚伪的真心话》一书里曾说："人生并不像一年四季那样分明，40岁的相扑选手就算老，但50多岁的政客会被称为'菜鸟'，很难确切区分多少岁算是老人，我们必须自己决定自己老了没有。"

任何时候，人都有选择过什么样生活的自由，比如在跳槽、创业还是留在原公司之间做选择。不论如何选择，你都要选择自信、主动和坚强，那会为自己创造出更多通往美好的可能性，而选择堕落、被动和软弱，你在未来就只会被时代抛弃。

罗曼·罗兰说：世界上只有一种英雄主义，那就是在认清生活的现实之后，依然热爱生活。

35岁以后，愿你在经历生活的苦难后，继续热爱生活，负重前行，用力守住自己的幸福和未来。

第五章

木沐的答疑解惑精选

木沐的答疑解惑精选

自从开设"职场木沐说"微信公众号（ID：mumushuo2017）以来，我经常收到读者在后台留言，诉说自己的职场迷茫和困惑。

每每阅读这些文字，我似乎都能真切地看到文字背后那些年轻却又焦虑的面孔，感受到一颗颗热切却又不安的心。

这一章分为六大部分，共 30 个问题，非常具有代表性，全部精选自"职场木沐说"读者留言，说不定里面就有你关心的话题和遇到的困惑。

一、职业规划

问题 1：曾做小语种教育，之后裸辞进入保险行业，现在从事房地产工作，感觉无事可做，怎么办？

具体描述：

木沐老师，您好。

我是"95 后"，会计专业毕业，在大学业余学了一年多韩语，毕业之前去了一家机构实习，然后到南京开分校，做了 2 年大学生小语种教育工作。在这其间学到了很多东西，同时也因为服务的客户是大学生，我就像一直没出过校园一样，而且经过 2 年，我也看到了行业天花板，所以想去看看外面的世界，换个服务人群。

3 月份裸辞，之后我在保险行业干了 1 个月，然后又辞职，在 3 个月的空档期，学车考了驾照，7月份又入职房地产行业，因为面对的客户是与以往不同的人群，刚开始很兴奋，可是在这里工作到第三个月后，我就有点灰心了。每当我遇到问题的时候，领导不仅没给予帮助，反而认为出现这些问题很正常，于是客户慢慢地流失了。因为负责客户少，我现在大多数时间在办公室，感觉非常无聊，每次看到领导一天都没有事情做的时候，我就想，这个不是我想要的状态，我不想再坐办公室了。于是私下开始做线上旅游，因为时间比较灵活自由，我想重新拾起韩语，去做翻译接单的工作，但我知道其中的辛苦。我是个很喜新厌旧的人，所以现在不确定想做什么，只知道不想坐办公室，想从事自由职业。

我现在非常纠结到底要不要辞掉这份房地产工作，另外，我还没有转正。希望木沐帮我分析一下，我下一步该怎么办。

木沐解答：

你好，发现从你大学专业到后来的职业转变，真的没什么规律可循，也没连贯性和稳定性，这是你需要好好反思和复盘的地方。

- 针对你目前的困惑——不知在房地产和自由职业二者之间如何选择，你要分析自己到底对哪个更有兴趣、更有激情，更愿意为之付出努力，并希望长期发展。

- 如果还是对房地产感兴趣，那就要仔细思考和研究目前"无事可做"的原因是什么。在这个行当，如果要想做得好，需要具备什么能力和资源？你目前的状态与目标之间的差距如何？怎样才能缩小这些差距？

- 如果你不想在房地产行业工作，想往自由职业方向发展，那么你的优势和特长在哪些方向？可以考虑的职业有哪些？比如你说的翻译工作，如何获取客户？收入如何？你的财务目标是什么？未来上升的空间怎么样？你需要做哪些投入？等等。

所有这些问题，等你考虑清楚了，再做决定也不迟。

问题 2：毕业 10 年，没有一技之长，学习能力不强，不喜欢现在的工作，怎么办？

具体描述：

您好，木沐老师，我的情况如下：

我在毕业 10 年间换了 4 份工作，都是不同行业、不同工种，没在一个行业长久做下去，平均 3 年时间就会换一份工作。

我不清楚自己未来的发展方向，比较想往技术应用和英语方面发展，虽然曾自学过编程技术，但学习力不强，所以进展缓慢，自己比较感兴趣的还是英语。

目前我在一家物联网企业做售后技术员工作，但并不喜欢。

毕业 10 年，我觉得自己没有一技之长。

想请木沐老师给我一些建议，接下来我该怎么走？

木沐解答：

- 你既然已经明确想往技术应用和英语方向发展，就可以按照这个规划先找到自己在知识、经验和能力方面与目标之间的差距，然后有针对性地提高和弥补不足的地方。

- 毕业 10 年，你应该 30 岁出头，其实还有机会重新调整自己的职业发展目标，建议你再次择业的时候，不要像之前一样头脑混乱，没有连贯性和目标感；而应该做到有的放矢，一切围绕你的中长期目标发展来设定。

- 如果目前公司中有符合你职业发展的岗位，可以尝试从内部转岗开始，这比去外部求职转岗会更容易。

问题 3：中专毕业，工作经历少，对未来没有规划，想利用 5 年学习和锻炼能力，怎么办？

具体描述：

木沐老师，我本人的情况如下：

中专毕业生，读过一学期的大专；工作经历少，读书的时候寒暑假在电子厂做过实习工人，工作时间加起来不超过一年半。

我目前很想找份工作，由于缺乏工作经验和高学历，也不懂得如何规划，工作不是很好找。其实只要有一个工作机会能让我上班就行，工资低点没关系，饿不着就可以了。但我没有参加过面试，简历也不知道怎么写，很苦恼。

另外，我打算用5年的工作时间进行学习和实践，提升自己各方面的能力，现在该从何做起，请木沐姐帮忙指点一二，谢谢！

木沐解答：

你好，能面对现实，先从基层做起，并计划用5年时间学习和提升，这很好！和你分享一下我的看法：

- 首先需要把这个打算做成一个可执行、目标可分解的5年计划。比如在学历提升方面，打算参加自考还是成人高考？什么时候报名考试？如何开始备考？需要购买哪些书或者参加哪些补习班？预算多少？你对这些都要做个大概的计划。

- 个人经验和能力提升方面：在备考提升学历的同时，5年内在目前岗位方面有什么计划？比如对哪些行业、哪些职位感兴趣？是否可以尝试向这些行业或职位投递简历？

- 关于简历和面试，建议根据你要应聘的岗位有的放矢地进行准备，具体可上网查看一些模板或攻略。

问题4：想从咨询公司跳槽去甲方（企业），从事战略工作，该如何规划下一步？

具体描述：

木沐老师，我最近想转型去企业工作，但是遇到一些问题。

我的现状：

（1）我工作4年，目前在国内某著名咨询公司工作，做一名咨询师。我所在的团队之前的客户主要是教育培训机构，比如新东方、好未来，慢慢有不少数亿规模的客户。但之后我们团队服务的客户转型为企业，目前做的是三线城市的领先机构，客户规模没有之前那种体量了。

（2）如果我继续做下去，明年基本可以成为项目经理，但是由于客户体量比较小，需求是综合性的，涉及战略、组织和人力资源等多方面，难以将其中某个模块的业务做精，这并不利于我以后去企业从事战略方面的工作；另外，客户体量不大，无法像上市公司那样可以做客户的信用背书。

（3）另外，我基本常年出差，这种方式难以兼顾自己的生活和工作。

综合以上，我考虑转型，但存在如下劣势：

（1）毕业学校非"985""211"名校。

上个月我投递简历至某公司的战略部岗位，HR向我反馈，业务主管认为我的毕业学校不理想，就算通过初面，也未必能获得总裁批准。

（2）我之前服务的教育机构的客户体量都比较小，无法做到信用背书。

基于此，我的方向选择为：

（1）领域：在线教育领域，但是本人以往没有在线教育的经验。

（2）岗位：自己感兴趣的战略分析类岗位。

所以我考虑寻找互联网方面的机会，后续再转向在线教育就容易多了。不过我在接触了两家互联网公司后，结果也不太理想，因为我没有互联网企业项目经历。而传统的线下培训机构体量都比较小，战略方面的岗位需求太有限。

目前我打算留在现任企业继续工作，同时寻找外部机会。我需要为成为战略方面的专业人士重新规划一下，木沐姐能不能给些建议？

木沐解答：

- 如果你立志在战略方面发展，以你目前的学历，不论在甲方（企业）战略部或是知名咨询公司的战略部，的确有困难。因为战略岗位对学历背景还是有要求的。所以要改变这个劣势，建议考取名校MBA，这会补足学历方面的不足。

- 你说想要往在线教育方向发展，是想做运营还是做内容呢？如果是运营，当然需要有互联网从业经验，但是如果做内容，我觉得没必要有互联网从业经验，因为互联网是工具，服务的客户仍然是线下真实的客户。

  所以把你之前服务过的项目案例和经验进行归纳总结，并通过互联网思维来解读你过去的这些案例，向招聘方展示你虽然之前在传统公司，但是对互联网行业并不陌生，而且很有自己的想法。

- 另外，你服务过的这些客户是否有互联网公司？或者在以后的项目中，你可以特意去找一些和互联网相关的项目进行实操，这些都可以为你的简历加分。

- 最后的建议，有点曲线救国的意思，就是如果无法一步到位进入互联网公司的战略岗位，可以先把目标定位在进入互联网公司，争取那些以你目前的经历比较容易拿到 offer 的岗位。只要能进入互联网行业，以后就很有可能甚至有大把机会通过内部转岗或跳槽到心仪的战略岗位。

问题 5：在城市发展还是回老家，不知道未来如何规划，很迷茫，怎么办？

具体描述：

木沐姐，你好。

我学的是专科药学专业，在医药公司工作5年，担任小职员，月薪4000元。

在大城市发展，租房压力大，我想换工作，却又没想好怎么换，不知道该如何规划未来的发展，非常焦虑，看不到前景和自我价值。

目前我报了个化妆培训班，用业余时间学习提升自我形象，还想报舞蹈培训，考个证书，觉得学习了这些技能，如果回老家不至于无路可走，但是这些课程的学费都很贵，不知道是否值得这么做，我的打算对不对？请指导，谢谢。

木沐解答：

你的专业跟目前公司还是比较对口的，而你报的化妆和舞蹈培训，感觉跟专业没什么关系。建议如下：

- 在竞争激烈的职场，专科的学历还是不够的，你有计划读本科甚至读在职研究生吗？因为如果学历上无法提高，职场上想往上走或跳槽到好公司，的确很不利。有些学校设置在职硕士学位（只有学位证，没有学历证），你可以考虑报考，具体详情可网上查询。

- 在目前的公司中，你未来是否还有提升的空间？你的领导对你的评价如何？你自己的优势和劣势如何？你擅长之处和能力突出的地方在哪里？如果要获得提升，你还有哪些方面需要加强？

- 如果你打算以后回老家，不再从事跟目前专业和行业相关的工作，就相当于你这么多年的积累清零了，一切从头开始。然而如果这样的话，你的优势又是什么呢？

综上，你需要好好考虑和评估，然后做出最适合自己的决定。

二、人际沟通

问题 6：工作能力不行，人际关系差，该怎么办？

具体描述：

木沐姐，我的烦恼来自两方面：一是工作能力有待提升，二是人际关系处理不佳。

我觉得大学 4 年的专业知识在工作中一点都用不上，英语过了专业八级也没用。我进入新单位刚一年，专职岗位是写材料，但目前身兼数职，领导今天让干这个，明天让干那个。于是我常常困惑，领导老让我去做别的岗位的事，上班时间几乎不能用于提高写作能力，在这种情况下，我应该如何更好更快地提高自己写材料的能力呢？

本人比较木讷，反应好像总是慢半拍，自尊心却又很强。单位有几个我的同龄人，虽然我和他们关系还可以，却总感觉很难进一步，走不到别人的心里去似的。虽然我不是初入职场，但很多时候因为嘴笨心善，成了替罪羔羊；而那些伶牙俐齿的人出错了，反而不被指责。我虽然尽量让自己平和，但有时也会觉得不公平，感觉领导似乎不喜欢我，所以总是会分派各种各样的杂活儿给我，我好像永远都是打杂的，非常困惑。

期待您能给我一个答案，也许不是最理想的，但一定是最用心的，谢谢。

木沐解答：

你想锻炼写作能力，并力求以此胜任专职岗位，这很不错，说明你有明确的方向和目标。

刚进入新单位，领导交办给你的事项，并不都是和正职工作相吻合的，这很正常。试着摆正自己的心态去对待领导指派的工作，不论大小，都尽量努力完成，并超出领导的预期，得到他的认同。如果因为工作琐碎就不屑干或者干得心不在焉，其实领导是能感觉到也能看出来的，而且这么做，工作的结果也不会令领导满意。

写作能力的提高不是一朝一夕之事，而且有方法可循，如果目前正职工作的任务不多，可以利用这段时间专门学习如何提高写作技巧，并尝试在一些社交媒体写文章或投稿，只有在实践中不断地去练、去写，写作能力才有可能提高。

关于目前的人际关系，其实你也不必强求，在新环境里，人们或多或少会对后来人有排斥心理，所以你尽量跟大家多交流和相处，等度过了磨合期，相信你很快就会融入集体了。

需要提醒一点，你还要加强跟领导的交流和沟通，不管正式还是非正式的。因为领导此时其实也在观察你的言行、工作方式和工作能力，得到他的支持和认同，对你未来的发展很关键。

问题 7：性格孤僻的我，如何改变自己的事业和人生？

具体描述：

木沐姐，看了您的文章，受益匪浅。我个人现在有一个非常严重的问题，想听听您的看法，期待您的回复。

我是 2013 年毕业的，换过 5 份工作，其中有两份工作都是在试用期被劝退，这两家都是规模比较大、业界较好的公司，我被劝退的原因有能力不足这个因素，但最关键的还是我性格比较孤僻，很少和其他同事交流，主管觉得我不合群。

后来的几份工作，我的表现也一样，就是不爱交流、没存在感，可能之前我有被辞退的经历，在之后的工作中都没安全感，害怕公司突然要我走人，担心自己很难融入集体、和领导关系不亲近。但现在这家公司，领导对我这种性格暂时比较包容，想对我委以重任，可能他还没看出我和其他同事交流其实很少。

我平时很少和领导沟通，都是听从他的安排，我不大会去争取什么，是一个被动执行者的角色。我每次和领导的谈话都不自然，平时在走廊里和领导碰面或在办公室里相遇，都不敢和他对视，也不敢打招呼。领导喜欢活跃的人，和这类人的互动更多，生日会请他们去参加，但没请我。

我觉得我的性格已经严重影响到工作，存在很多问题，比如：

（1）不会和领导相处，感觉不自然；

（2）领导不怎么安排任务，主要由他亲自做，我对于工作内容很迷茫；

（3）和同事没交流，喜欢独来独往；

（4）遇到和以前一样的问题，我老是害怕被公司炒掉，总想逃避现实。我该怎么改变自己呢？怎么争取自己想要的呢？

木沐解答：

你对自己的分析挺深刻的，透过你的文字能够看到你想为此做出改变的想法，这已经很好了，但似乎没有看到你有特别大的动力和想要改变现状的决心。

我们都是活在现实生活中的人，都是社会化动物，都活在关系中，所以不管你乐不乐意，你都必须接受活在人群中这个现实。如果你真心希望改变现状，给你几点建议，你需要走出自己的个人小天地：

- 和同事加强交流，可以从和你关系比较好的同事或者比较善良、对你不是太排斥的同事开始建立关系，找共同话题，帮助他们，或者请他们帮忙，比如中午一起吃午餐，学着关心你的同事。

- 主动和你的领导交流，包括请示工作、主动汇报进展，请他给你指导和建议。

- 拓展你的社交活动，比如参加俱乐部、读书会或其他社团，加强自己的人际交往能力。

- 最重要的一点，让你的心打开，拥抱这个世界，不要关闭自己的内心。

问题 8：领导刚上任，对业务不熟，让我问同事，同事又让我问领导，夹在中间，我该怎么办？

具体描述：

木沐老师，您好。

我最近跳槽到一家公司，目前已入职一个月。有两个问题，希望您能给我一些建议，谢谢您。

（1）我在入职的第一周，向直属领导咨询我的工作有哪些关键业绩指标，领导答复让我不要急，慢慢来，她要梳理一下。我是个目标导向、希望迅速做出成绩的人，我希望业绩指标能尽快明确下来。

我的问题是：我再去催问领导关键业绩指标是否合适？

（2）我没有导师，有一部分新工作是我之前没做过的。经过一个月的接触，我问过领导一些工作上的事，她答复自己还不了解情况，让我去问同事，同事又建议我还是去问领导。我的领导原来不做我们这块业务，她上任刚三个月，压力比较大。

我的问题是：我应该怎样支持领导，帮她分担压力？谢谢木沐老师。

木沐解答：

- 针对问题 1：

可以找领导沟通，领导一般都不会讨厌主动沟通的员工。但要注意沟通方式，没必要以逼问关键业绩指标的方式，比如问问领导对你这段时间工作的建议和意见有哪些，对你的工作有哪些期望和要求等。其实这些问题的答案和你的关键业绩指标已经很接近了。

然后你可以根据领导的态度和回复，顺便追问一下，这些要求可否作为自己的关键业绩指标呢？

- 针对问题 2：

你已经察觉到领导刚上任，对工作不熟悉，压力很大，这说明你的敏感度很高，这点很好。建议你还是先从同事那边入手，详细了解目前的工作情况，比如目前的挑战、困境和需要改善加强的地方，然后据此总结整理出自己的建议和方案，要内容翔实、数据可靠，找机会向领导汇报。

当领导发现你能帮她出谋划策、站在她的角度考虑问题，会对你很有好感，你也就帮助了她。

问题 9：新加入公司，不知如何融入新集体，不知该如何跟领导、同事相处，怎么办？

具体描述：

你好，木沐老师。

因为我有几年不工作了，刚加入新公司一个多星期，不知道该如何去融入新集体。

之前领导说，一起进来的几位新同事会轮流工作来熟悉业务，结果别人都拈轻怕重，都挑可以跟领导多接触的工作来做，其他的工作由我来做。我是应该继续做着累的工作，还是应该去跟领导争取一下合理的工作分配呢？

我该如何做职业规划？我不想一直都庸庸碌碌地混日子，希望有所提升。

木沐解答：

既然你说不知道该如何融入新集体，我觉得目前没有太大必要和其他人一争高下。虽然你觉得别人把累的活儿甩给你，但你可以利用这些机会练练手、找找感觉，尽快让自己的状态恢复到最佳。

当你和同事关系融洽、你对工作也熟悉上手后，再和领导提进一步的要求，到时你也会很有底气和自信。

关于职业规划，如果目前的岗位是你有兴趣和熟悉的，那就在这个岗位进一步深耕，努力达到专业水平，然后纵向思考如何进一步升职，是在公司内部还是去外部寻找机会，都是可以考虑的。

问题 10：我工作非常认真，领导却总是挑剔，我该怎么办？

具体描述：

木沐，你好！我最近遇到了很烦心的事。

我是一名财务会计，公司做账是使用软件系统，报表是系统直接导出来的数据。数据导出后，经过我这边核实，出纳员负责收款。

上个月公司没怎么赚钱，领导看了报表后，说数据一定有问题，并质问我公司以前都是赚钱的，为什么这个月没赚钱，他一口咬定是我弄错数据了。

我核实了好多次，数据都是正确的，原始凭证单也是一单单对的，没问题。后来领导让出纳员一单单核实，最后没发现什么问题也就不了了之了。但是这件事让我心里很不舒服。我是不是该去问领导为什么要这样怀疑我？如果我这么做，在职场中对不对？

求老师告知一下，非常感谢。

补充一下，我们是红酒公司，春节和中秋是旺季，其他时间是淡季。另外，我是那种专心做事、对其他事情不争不抢的人。公司人少，杂事多，很多事我都尽力去做，比如有些人不懂电脑的，我都会去帮忙，我不在乎工资多少，只求做事问心无愧。我目前该怎么办？

木沐解答：

一个公司中，财务这个岗位对领导而言非常重要，所以财务的负责人一般都会选用他非常信得过的人。领导对你的工作不满意或者挑剔，说明你目前还没有获得他的信任。

不知道你加入这家公司多长时间了，也不清楚你的领导上面还有大领导吗？他需要用财务数据向大领导或者董事会进行汇报吗？

如果是这种情况，他会非常在乎财务数据，因为财务数据代表着他的业绩，以及他干的工作到底好不好。如果财务数据对他不利，他自己的能力肯定会遭到质疑，位置也会很危险。

即使领导发现自己对你的怀疑是错的（因为你说他和出纳查了半天也没查出什么问题），他也不会当面承认，而你如果去质问，不是会让他下不了台吗？他对你的态度也许会更加恶劣。

其实领导心里很清楚，对你来说，就让这件事情过去吧，因为再去找领导理论，意义不大。

我建议你之后多观察并多留心，过一段时间找机会跟领导深入沟通一下，了解他对你工作的期望是什么、对你的要求有哪些、对你有哪些不满意；同时，你要向他表达你对公司和他本人的尊重，让他先解除对你个人的不满和先入为主的主观判断。

当你跟领导的个人关系理顺后，工作关系也一定会得到改善。

三、职场适应

问题 11：和领导关系不好，不会说话，做不好事，是否该离职？

具体描述：

我在工作中有很多不顺心的事：和上级关系处理得不好，也不太会说话，容易得罪人，工作上总是让别人帮自己收拾烂摊子，做事做不好，效率也不高，我觉得自己很失败。

我对目前的工作很迷茫，想换工作又不知道换什么工作比较好，总是懒于行动，期望木沐姐能给我建议，让我能够行动起来，改变自己的现状。

木沐解答：

你对自己的职业发展是否有清晰的认识？

- 如果根据职业发展目标，目前的公司还是适合你的，你要做的是主动调整自己的状态以及与人相处的模式。这些的前提是你先将手头工作做好，提高工作效率和质量，让别人对你的认识开始改观。然后你可以尝试改善跟同事、领导的关系。

- 如果目前公司和岗位不合适，你可以考虑换工作，但是你需要好好总结、提炼你的工作经历并包装简历。并且你要认识到，你在这家公司遇到的问题，同样会发生在下一家公司，不会因为你换了工作，问题就自动消失了。所以你要做好心理和行动准备，让自己真的开始转变。

问题 12：在电网企业感觉备受煎熬，想要考公务员回老家，心中又很乱，怎么办？

具体描述：

木沐老师，您好。

我们电网企业的工作调动真的特别难，我的初衷是想改变一下工作环境，但从来没有想过离开本地，到异地去工作。

网络上有好多文章讲改变、讲奋斗、讲坚持，我也知道不能安于现状。可我真的是放不下，心好慌、好乱、好烦，我觉得我透不过气了。坚持怎么就这么难啊？追求洒脱怎么就这么苦啊？

坚持于我，每分每秒都是煎熬。我时常想，如果我不去选择改变，如果我能及时决断，是不是就不会有这些困难和焦虑了？

木沐老师，我想重新考公务员回县里，可我在备受煎熬的时候，根本无法集中精力和思绪，真的好乱、好烦，该怎么办呢？

木沐解答：

- 如果你目前的目标是考公务员，这很好，因为目标非常明确而清晰。那么下一步，你就要思考如何考取公务员：考什么？怎么考？什么时候考？这些你应该知道如何去寻找答案吧？

- 这里有个小提醒，考取公务员并不是结束，它意味着另一段新的旅程的开始，你是否做好了准备适应这种新的工作和生活方式？你现在面临的困扰，有可能到时候也会出现，你做好准备了吗？

- 网络上的文章给大家的都是一些方向，落实到每个人的实际中，需要真正落地执行。没有去行动，主动做出改变，再好的励志文章都只能束之高阁。

- 与其迷茫、不安和焦虑，不如在选定目标后，就义无反顾地去努力达成目标，因为只停留在想的阶段，什么也无法改变。

问题 13：跟新领导不合拍，但岗位符合职业方向；跟老领导合拍，但岗位不符合职业方向，怎么选？

具体描述：

木沐，你好！

我现任部门经理，因为公司结构调整，我所在的部门将会并入其他部门。我跟现在的领导在工作上很合拍，对去其他部门有顾虑。如果继续留在现任领导下也没问题，就是需要换岗，换岗的工作我能胜任，但是不符合我的职业规划。并入其他领导下的职位，符合我的职业规划，但是我跟新领导的风格似乎不搭，感觉前途未卜。

我很珍惜在职场能遇到合拍的工作伙伴，但是又不愿意轻易改变我的职业规划。麻烦木沐指点一下，我该如何取舍？谢谢！

木沐解答：

非常了解你的处境。职业规划，一方面涉及工作内容，另一方面涉及晋升路线。不管是留在老领导这里，还是去新领导那里，你被提升的可能性分别怎么样，这点你是否认真分析过？

如果留在老领导这里换去另一个岗位，和你目标岗位的工作内容的差距有多大，关联性有多大？如果去新领导那里，工作内容符合职业规划，那你和领导的不合拍主要体现在哪些方面？会不会是你有些先入为主？你是否曾努力试图获得新领导的信任？也许你还需要一些时间在新领导面前证明自己。

如果你对自己职业规划的方向很清楚，我支持你按照既定路线和目标展开下一步。这点想清楚了，你的问题就不是留在老领导这里还是去新领导那里，而变成了如何跟新领导进行有效沟通，获得他的信任。这就是你目前最大的挑战。

如果是这样，你有信心去克服这个挑战和困难吗？

问题 14：工作重复枯燥，想转行，又值生育年龄，该怎么办？

具体描述：

你好，木沐。

我是一名工商管理硕士，现在的工作重复枯燥，觉得跟自身的能力完全不匹配，上升空间很小，身边的同事在同一个岗位一干就是多年。

我今年已经 30 岁了，觉得一事无成，有些着急，又值生育年龄，不敢换工作，否则生育计划又要往后延，而我对自己的身体条件没有信心；想转行又要重新来过，目前工作的稳定又让我很不舍，现在感觉很矛盾。我不知道是应该生完孩子后重新找工作，还是干完今年就离开，延后生育计划？

木沐有什么两全的建议吗？

木沐解答：

- 既然目前单位稳定、压力不大，而你又值生育年龄，建议现在开始备孕并在该单位完成生育任务。

- 产假回来后，你父母这边可能会帮你带孩子，而你重回工作岗位后，就可以筹划转行或者换单位的事情。之所以最好在现任单位生育，是因为如果新到一家单位，你不仅会面临新环境，也必然会面对一定的压力，会更没时间和精力考虑生育一事。而在现任单位生产完，再换行进入新单位，就没有后顾之忧了。

- 怀孕加上产假，预估 1 年半左右时间，这段时间你可以先了解各行各业的情况，找到未来转行的目标领域，提前做些知识和人际的储备。

问题 15：跟领导性格不匹配，又想转行，很迷茫，不知该怎么办？

具体描述：

你好，木沐老师。

我是 2017 年专升本的毕业生，工作一年多，专科学的是物流管理，本科学的是国际贸易，毕业后一直在会计行业工作。我一共换过三份工作，第一份和第二份工作，我一开始的状态还是很积极的，但第二份工作后期，我的工作状态越来越差，主要是因为工作压力太大，全部门的人经常工作到很晚，还通宵过两次。

后来我辞职找了第三份工作，现在回想起来当时自己不自觉地把第二份工作的不良状态带进了新公司。另外，新公司工作节奏很快，领导又是个急性子，而我性子有点慢，领导要是一催我，我就会很着急，结果就会在不该出错的地方犯错。因为自己的工作过失，目前刚被领导劝退。

现在我很迷茫，要不要坚持做会计工作？自己是否适合做会计工作？如果不适合的话，我想换行，又不知道换什么工作，请木沐老师给些建议。

木沐解答：

你好，你的三份工作都是会计岗位，如果换工作，肯定是在同样的岗位跳槽成功率会高些。如果转行，是否有公司愿意接受你在新岗位的经验是零？薪资是否能达到你的预期？这些都是不确定的。

我倒是建议你仍然从事会计工作，但要好好复盘之前几份工作的经历，看看有哪些地方需要改进，哪些需要提升。从你的描述中，至少可以在如下几个方面考虑改善。

- 第二份工作，全部门的人都加过班，也通宵过，你的状态就很差。其实这种情况就算换个单位，也很可能会发生，因为这和会计工作的性质有关，尤其是企业中，月末、季末和年末涉及关账、结算等，加班是常有的事。

所以，要调整的肯定是自己的心态，看看自己在工作中是否有值得学习的东西。工作效率、工作方法是否可以加以提高和改善？一旦心态开始消极，对于领导交代的工作，心里自然会有抵触情绪，干什么都会很烦。

- 第三份工作，你和领导的性格、节奏、步调不一致，导致工作频繁出错，你就更要找自身的问题。

  因为我们得学会适应领导的管理风格，很少会有领导主动去适应员工。既然你知道他性子急，那你就要提前将工作做好，否则被他催来催去，自然很被动，领导也不满意。

四、心理调适

问题 16：想辞职考研，与父母沟通又有问题，陷入困境，该怎么办？

具体描述：

木沐姐，你好！

由于我是一个不安于现状的人，很多观点与周围人不同。父母能够记住周围的人的想法和说法，但是对我的想法和看法总是记不住或不理不睬。

但由于父母的事业小有所成，我在短期内还不能超过他们，我面临着与他们在沟通上的困难，很希望从这样的困境中走出来，尤其在辞职后考研的关键时期（以前政策限制不让考，我很想珍惜这次离职考研的机会），但是苦于不得法，遂向木沐姐寻求指导意见，希望您指点一二。

木沐解答：

通过你的文字，能够感觉出你内心细腻，也理解你想要独立和走出困境的愿望。

你的父母听上去是那种内心比较强势的,只有自己说的才是对的,你的观点和想法只有符合他们的预期,他们才能接受,反之就直接无视。

关于考研备考,不知道你是已经离职了还是准备离职?如果还没离职的话,请你慎重考虑裸辞带来的风险。

因为如果没考上,你将面临失业的困境,没有经济来源,你还是要依靠父母,那么他们就更加会把他们的想法强加给你,甚至控制你,而你无力反抗。

而在职备考,你还有自己的收入,经济上相对独立。经济独立,你的人格才能独立,才能不受制于父母。在那之前,你有再多的想法,在现实面前都显得很脆弱。

当然,在职备考,对你时间和精力管理会提出很高的要求,不会让你很舒适,这点你要有心理准备,但我相信,只要你有足够强大的动力,一定会克服这些困难的。

问题 17:面临去总部工作的机会,但是又害怕新的挑战,怎么办?

具体描述:

老师,想咨询您一个问题,最近我遇到一个职业方面的选择问题。

我目前就职于一家保险公司的青岛分公司,做内勤,今年 26 岁,年初总部(北京)老师说有个去总部发展的机会,我陷入了犹豫。

我对分公司的环境熟悉,感觉这里氛围也不错,也有成长和晋升的机会。我在这里工作 2 年,也算是老员工了,如果去北京,可能面临新的挑战,但也可能会有成长和学习的机会。我不知道该怎么选择,老师有什么建议吗?我是一个比较踏实、有上进心的女孩。

木沐解答:

- 北京的工作机会具体是什么岗位呢?和你现任岗位一样吗?薪资待

遇如何？考虑到北京的生活成本及其他消费都可能比青岛高，你要将这部分因素加以充分考虑。

- 你自己的长远个人规划如何？是在青岛定居还是在北京定居，还是无所谓，哪里机会好就去哪里？

- 年轻的你，不需要太考虑稳定这个因素，如果个人比较灵活，建议到北京闯一闯，也许你的视野会和之前不同，机会也会更多，加油！

问题 18：一直在重复机械性的工作，感受不到自身的价值，如何调整？

具体描述：

我一直在重复机械性的工作，感受不到自身的价值，而且对工作的环境并不是很满意，心态也变得不好，不知道该怎么调整？

木沐解答：

因为你提供的信息比较有限，所以给你的建议也是方向性和原则性的。

- 你参加工作几年了？在目前的岗位又有多少年了？如果超过 3 年，已经没有任何可以改善的空间，并且没有什么可学的新的东西，的确是个比较尴尬的处境。

- 你可以先和直属领导进行沟通，了解一下你的岗位未来的规划和新的要求有什么，你为此需要学习哪些方面的知识和经验。然后你可以要求参加相关培训。

- 如果公司允许，你也可以看看公司内部是否有合适的轮岗或换岗机会。

- 感觉你缺乏一些基本的职业规划和生活目标，没有这些，不过是"当一天和尚撞一天钟"而已。

问题 19：在新公司加班多，做的工作太杂，想要换工作，面试了几家也不如意，未来该如何规划？

具体描述：

木沐，你好！

我毕业马上三年了，还是很迷茫，我学的专业是环境艺术设计，毕业后接触过一年工装（硬装）、一年健身（兼职合伙）和半年软装。

1 月份我来到现在的这家公司做产品渲染，有双休和节假日，待遇也比上一家公司要好一些。

但我来了之后才发现，现在的公司离职率很高，每周一、二、四强制义务加班到 9 点还没有加班费，上班也很早，8 点就要到公司，我现在很焦虑，觉得在公司做的工作很杂，做过一些动画，最近领导又让我设计机器人的外观、三维建模和效果图，我感觉内容很枯燥，工业设计也不是我感兴趣的内容。

最近我在外部面试了几个岗位，待遇方面都不如现在的工作。1992年出生的我，今年也 27 岁了，现在很为自己的未来担忧，特来请教木沐指导。

木沐解答：

的确感觉你这几年工作换得比较频繁，没有明确的方向和规划。你的专业和现在从事的工作以及前几年的工作的关联度很大，都是从事设计相关方面。

从大的范围来讲，在设计这个领域，就没有一种是你感兴趣的吗？你得学会沉下心来，看看自己到底想做什么、能做什么。想做什么和能做什么之间还是有很大距离的。

这个距离就是你的知识、经验和能力，也许不能一下子就可以匹配好，你需要付出时间和精力不断打磨和提高。

如果还是没什么兴趣，建议你将手头的工作做好。将本职工作做好并不容易，比如如何提高工作质量、如何提高效率、如何做得更好，将这些做好了，你自己也会从中有所收获和提高。

等到你对自己的发展开始有方向和目标时，就可以有针对性地培养和提高这方面的能力和经验。

问题 20：忍受不了领导的高压而离职，又开始怀疑自己的职场人际关系是不是有问题。

具体描述：

木沐，你好！我在一家五星级酒店从事市场推广的工作，直接领导和上级领导是很激进的人，把销售业绩看得非常重，每天对我们施加压力，逼着我们完成任务，总会说一些"完不成任务就走人"之类的威胁的话语。

我想努力把工作做好，让领导满意，可以给我一个满意的笑容，希望他知道我有能力做好事情，不要总是给我施加压力，否则我会紧张害怕。

然而结果并不尽如人意，我忍受不了这种高压的环境，就辞职了。

离群之后我一度陷入自我怀疑当中，不知道应该怎么调整。此外我平时跟同事相处得还可以，但总会有人在我背后说一些不好听的话，我不知道是不是我的职场人际关系有问题，请帮助！

木沐解答：

你好，既然离开了就不要再后悔。不过可以复盘一下，除去领导的高压，在上一家酒店工作，是否有助于你积累经验和提升能力，是否符合你的职业规划目标？

如果都符合，其实当初不必将领导的脸色是否好看看得太重要。因为你又不是要在那里干一辈子，学会了本事就有资格找更好的下家，不是吗？

另外，背后被人议论在所难免，只要你能理性地思考他们说的是否有道理，还是纯粹就是嚼舌根，如果是后者，自动屏蔽就好了。

五、自我提升

问题 21：跨城市就业竞争很激烈，工作遇到瓶颈，找不到方向，怎么办？

具体描述：

木沐，你好。我目前在金融机构，从事了 3 年理财规划师工作。2017 年因家庭原因，我从北京来到天津，因为从事一线金融销售工作，加之来到新城市缺乏客户资源，所以新工作起色不大，而竞争又很激烈，我不知道未来方向在哪儿。

目前在准备考 AFP（金融理财师），也想过通过考研重新确定方向。我的困惑是目前工作遇到瓶颈，找不到未来方向。我不怕压力和困难，只要找到方向，我会坚持下去，所以期望有人能站在一定的高度，给我一些建议，谢谢木沐！

木沐解答：

- 先思考一下你本人的性格和兴趣方向，如果你的性格偏于外向，乐于与人打交道，可以考虑往营销方向发展，比如成为金牌销售。这就需要锻炼沟通和人际交往能力，提高个人业务能力和水平。如果你的性格偏内向，不擅长和人打交道，可以考虑往产品经理方向发展，比如做理财产品设计。

- 如有可能，可以转向大平台发展，这样既可以依托于平台带来的优势和品牌效应，也可以积累更多优质客户资源。

- 无论如何，在金融行业工作，提升自己的学历和考取各种资格证书都是非常必要的，建议你对此好好加以规划。

问题 22：新加入公司，领导布置的工作让我忙到每天加班，想要学习却感觉压力过大，怎么办？

具体描述：

木沐，你好！

我从某单位的三级单位跳槽到北京某单位的二级单位，工作强度大了好几倍，可是工资没怎么涨。

而且加入新单位后，发现太多的工作交给新来的我，我每天都要加班，真是苦不堪言，想学东西但是工作多到处理不完。请指点我该怎么适应新工作的节奏，怎么和领导沟通。我真的承受不住……

木沐解答：

给新人安排很多的事情其实很正常，刚开始努力干好就是了，如果一开始就叫苦叫累，会给领导留下不好的印象。

但如果经过一段时间，还是如此，你可以将这些加班的内容盘点一下，是琐碎的、价值低的工作，还是有挑战性、价值高的工作居多。

如果是前者，你可以在合适的机会找领导沟通，表明工作量巨大，请求获得更多的支持和资源，协助你完成。

如果是后者，我想的确是难得的锻炼机会，经过这一番历练，你的能力会突飞猛进，相信你的领导也会看得见。

问题 23：全职妈妈，本科不是英语专业，现在想办少儿英语培训班，可行吗？

具体描述：

木沐，你好！我是一名全职妈妈，现在有一个 15 个月大的宝宝。生宝宝之前我在一个书店做门店管理工作，只有不到一年的全职工作经验。

上半年我在家乡的小学担任了一学期英语代课老师，取得了不错的成绩，家长和学生对我比较认可。因为小镇上没有辅导班，所以我就借机办了一个作业辅导班。

现在随着宝宝的长大，我开始考虑对他进行英语启蒙，又产生了办少儿英语培训班的想法。虽然我本科不是英语专业，但是我一直都在学英语，对英语也有很大的兴趣。我之前也接触过幼教，对儿童心理学也有一些了解。木沐，你觉得我办少儿英语培训班的可行性大吗？

木沐解答：

我觉得你的想法特别好，而且是大势所趋。可以在之前实践的基础上，在相关领域不断学习和进修，补充自己的知识和经验。

尤其在你们小镇，目前还没有竞争对手的情况下，更是你启动和拓展这项业务的好时机。

你不妨从现在开始积累人际资源，打造口碑，塑造品牌，在市场上占据有利位置，抢得先机！

问题24：公司人事经理要退休，我想竞争这个岗位，该如何做准备？

具体描述：

木沐老师：您好！想求助一个问题：公司的HRM（人力资源经理）还有一年将退休，我想竞争这个岗位，请问我需要从哪些方面来做方案、做计划、做准备呢？谢谢，静候佳音。

木沐解答：

HRM是人力资源经理，目前你的职位是什么？我猜是人力资源专员。你的问题其实就是如何在内部通过毛遂自荐，实现升职。我的建议如下：

- 因为还有一年时间，所以首先你需要和人力资源总监（如果没有，就跟公司相关负责人）加强交流和沟通，一方面为了刷存在感，另一方面为了引起领导关注，尤其是对你的能力各方面的了解和认可，让他对你形成良好印象。

- 如果你能在这一年期间有机会主导或牵头一些项目，并成功实施，更可以作为你能力的体现和证明。在适当的时候，可以向领导表明你想进一步承担更有挑战性的工作的意愿，比如担任领导岗位——人力资源经理。

- 另一方面，你要进一步观察和熟悉人力资源经理的工作职责和范围，看看哪些是你现在就能做的，哪些是你目前还有差距、需要弥补的，你可以在哪些方面比目前的 HRM 做得更好。

- 最后，如果你和现任的人力资源经理个人关系良好，也可以加强和他的沟通，方便的时候，请他推荐你成为继任者。

问题 25：入职新公司半年，与领导关系差，内部转岗没希望，该怎么办？

具体描述：

木沐，你好！

我在 IT 行业从事销售工作五年，经历了行业大变革的过程，也通过多次跳槽从传统领导 IT 公司来到了云计算龙头企业。我在前一家公司工作两年多，收入和职位实现了一次跃迁，却由于公司快速发展，加上内部竞争，我又怀孕生子，因此没能继续发展下去。哺乳期刚过，我就毅然决定跳槽，入职薪资等并不是非常丰厚，但是对于哺乳期的我来说算比较合适的新公司。

来新公司半年多，入职前我就很清楚自己可能会和领导不太合得来，半年后更加印证了这一点，他宣扬的管理方式和工作方式是外企的传统模式，并不是彼此成就的合作模式，因此我基本放弃向上管理（这块的确做得不好，但是也真的没有动力）。

公司虽然有内部转岗机会，但是因为我入职时间太短，可选择空间太少，而自己刚进来的级别也不够高，希望在原岗位持续工作获得升职机会，但这需要至少在本部门工作两年半。

我马上就要 30 岁了，并确定这个地方不是最优选择，我担心待两年半是浪费时间。

我一直以来目标明确，希望找到合适的领导成为我职业发展中的助力，也希望个人职业发展能实现成功转型，从销售向营销战略方向发展。

希望木沐老师能帮助解惑，如何越过这个高不成低不就的尴尬阶段？在个人能力提升上，是否应该考虑继续深造，比如考 MBA 或者博士来寻求职业转型？

木沐解答：

能够理解你现在的处境，希望跟随有能力的领导实现成长和飞跃，同时实现个人转型。

其实你对个人发展有这么多打算和想法，这非常好，但是又似乎一下子多了点，让你有点无从下手。

我建议你制定一个短中期计划和目标，一步一步去实现，这样可能更加有的放矢，不会患得患失。比如：

- 因为加入新公司刚半年，并不适合马上转岗或跳槽，另外你对本职工作的沉淀和积累至少需要一年。

- 这段时间你可以做的，是将本职工作做得更出彩、更有效率，同时不要放弃向上管理，要知道，只要你在这家公司，你的领导都对你获得升迁和其他发展机会具有很大的话语权。

- 与此同时，密切关注公司内部其他转岗机会，如果有你感兴趣的，可以和那些部门的领导慢慢建立联系，创造机会展示自己，让对方了解你，为你以后可能的转岗做铺垫。

- 在上述整个过程中，建议你备考 MBA，你想要往战略方向上发展，这是一个很好的契机。

六、招聘离职

问题 26：对领导的要求有意见，对工作有抵触心理，想要跳槽，又有些纠结，怎么办？

具体描述：

我是一名 2017 年 12 月出来实习的大三学生，现在从事的是我的第一份工作。

工作内容是每天给客户打电话以维护客户关系。但公司要求的是每天必须跟客户打多少次、多少分钟。对我本人而言，我觉得跟客户的维系并不能以硬指标来要求，现在变成了指标牵着服务走，让我对这份工作有了抵触心理。

可是我的有些客户又特别信任我，让我舍不得放弃工作，我的主管每天都不管我们，下了班还拖时间开会，讲话没重点，旁边的同事也会一起吐槽，主要是我觉得短期换工作对我自己的发展来说很不好，所以我很纠结，不知道该怎么办。

木沐解答：

- 对于规定你给客户打电话打多少次、多少分钟，不过是管理的一个手段。的确，客户关系维护的质量在一定程度上不取决于你打了多长时间的电话，但是从主管的角度来看，用量化的指标衡量是一个相对直观和容易的途径，你可以试着去加以理解。

- 每个领导都不是完美的，都有这样或那样的问题，所以你遇到一个啰唆、讲话没重点的领导，其实也很正常。建议少和同事一起吐槽领导，毕竟你刚来，很多事情背后的故事你并不清楚，如果传到领导耳朵里，说不定所有的锅都会由你来背。

- 你说的很对，这么短的时间就换工作对你的发展的确很不利。既然如此，试着改变一下心态，多关注自己在工作中可以学习什么知识、积累什么经验、提高什么能力，待时机成熟时再寻找外部机会。

问题 27：不太喜欢英语老师的工作，但也不知道自己喜欢干什么，对未来很迷茫，不知道该怎么走。

具体描述：

木沐老师，您好。

我对于未来的发展方向一直很困惑和纠结，目前我是一名培训机构的英语老师，性格偏内向，我不是很喜欢现在的工作，感觉事多心累，所以有辞职的想法。

但我又不知道自己喜欢干什么、想干什么，对未来很迷茫，加之自身很不自信，觉得自己放不开，什么事也干不好，所以不知道下一步该怎么走，希望您能给我些建议和意见，真的特别感谢！

木沐解答：

辞职不是不行，但你想好下一步的工作目标和方向了吗？如果同样是培训机构教师，其实工作性质、强度和内容都差不多。

我发现你对自己比较习惯用一些否定性的字眼，比如"不知道""放不开""干不好"，如果你对自己有了这样的评价，在真正做一件事情前就会不自觉地带着这样的思维模式和心理暗示。

我的建议是既然你目前没有明确的爱好和兴趣，那就从改变自我否定和暗示出发，做一件事情前不要先想着干不好，要想着如何能够将事情和工作做好，是请教别人、自己钻研、网上查询和上课，还是通过付费咨询等多种方式。

英语老师其实特别容易当"斜杠青年"，比如在业余时间开设公众号，聚焦英语学习方法的分享和指导，还可以设计一系列教英语、学英语的微课，也可以从事翻译工作等。只要你拓展思路，多了解一下同行都在做什么，就可以从中发现很多机会。

问题 28：换了四份工作，遇到问题就逃避，不断换工作，非常迷茫，怎么办？

具体描述：

我毕业后做过四份工作，刚毕业回老家时，家人想让我考公务员，于是我开始准备公务员考试。但我心里并不喜欢公务员工作，所以没复习多久就放弃了，在单位上了半年班，平时基本上没事，准时准点上下班。

之后去亲戚开的书店干了一年，书店在远方。后来我又回老家，然后又去成都，一年时间做了两份工作，时间都不长。一份是在一个舞蹈教育机构做课程顾问，两个月只开了两单，因为受不了压力我就离职了。后来做客服做了 4 个月，客服的负面情绪比较多，我做得比较压抑，不久也离职了，不过在这里我收获了几个不错的朋友。

目前待业中，我反省过去的工作经历，觉得可能我为工作付出的比较少，遇到问题和困难的时候，想的不是如何解决，而是逃避，我意识到了这个问题，可不知道如何改变，当我想改变的时候又很容易跳回之前的思维模式中。

现在对于求职，我很迷茫，一是自己的工作经历不突出，二是不知道从事什么工作，不想总是不断地换工作，希望能够长期从事一份工作。

我期望自己在工作的时候是积极而充满激情的，让自己能够融入其中，而不是只把它当成一份工作，因为我觉得那样持续的时间不会很久。

我有点啰唆了，希望不会打扰到木沐。

木沐解答：

根据你的描述，你的确是方向不清，工作更换频繁且彼此没有关联度，这样对经验的沉淀和积累没有好处。

你已经意识到自己的问题所在，这很好，但如果在未来求职和工作中，没有主动改变自己的思维和行为模式，那就还会陷入恶性循环中，让人堪忧。

既然你已经换了这么多岗位，应该对自己的优势和能力有所判断，仔细思考哪些事情是能够让你安心并努力干下去的。

工作的激情和动力是自己给予自己的，而不是依赖别人赐予。一份工作如果一开始就抱着反感的态度，那无论如何也干不好，自己更不会有收获和成长。如果暂时不知道干什么，那就先找到一份工作，用心把它做好，再谋求进一步发展。

问题 29：被公司逼迫离职，我不同意，怎么办？

具体描述：

木沐老师，你好！

我最近真的很彷徨，我只是公司最基层的一个小员工，发错了一笔工资，可是我们经理居然让我拿出这笔钱，这笔钱对于我来说，实在是巨款，我只能出得起一部分。

可是经理不同意，非要求我把钱先垫出来。我不肯，这件事闹大了，我们经理现在开始强迫我离职了，并且昨天她已经开始让人启动招聘，可是我还没说离职呢，我被催了一个星期了，有时候真的忍不住了，到底怎么办才好？

木沐解答：

有些公司会规定，如果是因为员工错误导致的损失，由员工自己承担。具体要看你们公司的规定，还有你们协商处理的方式。

关于逼着你离职一事，其实本质上是辞退你。在劳动协议期间，公司辞退你，是要给你相应补偿或赔偿的。你要认真看一下《劳动法》，正常情况下，公司要支付你 N 或 $N+1$ 倍的月基本工资的赔偿。N 是你在该公司服务的年限。但如果你主动辞职的话，上述补偿是没有的。所以无论如何，不能自己提出离职，否则你就很被动了。

问题 30：新招的下属，在我出差回来第一天就提出辞职，并向大领导攻击我，该怎么办？

具体描述：

木沐，你好。

上半年朋友向我推荐了你的公众号，我特别喜欢你的文章，直击要害，鞭辟入里，道理说得特别通透。我当前对于职场转型及职场心理有个困惑，希望木沐帮忙指点迷津。

我在现单位工作多年，业绩一直很好，年初升职为主管。今年新招了一名组员，年纪比我大几岁，性格强势，她的前工作单位是一家规模很大、流程很完善、薪水很高的公司，因原公司重组岗位取消，她跳槽到我们单位。

我们单位是一家中小型外资企业，客观上说流程不够清晰，另外该员工到我单位实际上是降薪了。该员工认为我单位流程混乱，拒绝推进安排的工作，甚至我要求她出差需要和我提前协商，她认为我管得太多，理由是大领导已经通过系统批准了。

我曾经出国两个星期，出国前虽与她在工作上有意见分歧，但我并没有太放在心上，我回国后上班的第一天，她就辞职了，并且发邮件攻击我（发给大领导）。我找她沟通被果断拒绝。我找她办公室的同事了解情况，然而了解到的原因是，我和她只是工作上的分歧，不是什么大问题。

这事实上让我极其苦恼和困惑。我怎么也想不明白该员工攻击我的动机，希望得到木沐的指点。另外，招聘什么样的组员用起来会比较得心应手呢？

木沐解答：

当时对这个年纪比你大的组员的招聘，是你亲自负责的吗？如果是，那么当初你最看重她的是哪些方面呢？入职后，她在工作上体现出你当初"看上"她的那些优势了吗？如果没有，你就要思考自己招聘时关注应聘者的重点是否有偏差。

一般来说，员工的出差计划需要提前和主管商量或打招呼，以便主管判断这次出差是否有价值、有必要。等到员工获得领导的充分信任以后，就可以简化一下程序。

毕竟出差对公司来说，是一笔不小的开销。如果是系统里进行出差审批，那必须先通过你，才会到大领导啊，怎么会发生大领导审批，你还不知道呢？

还有，你也需要加强跟大领导的沟通，包括下属的表现情况，这样可以避免下属向大领导反映你（告你状）的时候，大领导对你有负面意见。

感觉该员工离职跟你关系不大，可能是她对公司整体氛围不满意，你不必过于在意，得到大领导的理解就可以了。

招聘下属时，本人觉得态度比能力更重要，因为态度好、对公司文化认同、对直接主管尊重和认可，才会愿意努力工作，即使能力不完美，也可以在工作中慢慢提高。